WONDER ARCHITECTURE

世界のビックリ建築を追え。

- INTRODUCTION -

「ビックリ建築」を追い求めて。

「BRUTUS」という雑誌の編集部に配属されてすぐの、僕がまだ20代だった頃、新しい雑誌をつくらないか、と当時の編集長に声をかけられた。その新しい雑誌というのが「Casa BRUTUS」という建築を切り口にしたライフスタイル誌だった。

時は1998年夏。当時スマートフォンなんていうものはなく、編集部ではようやくパソコンが会社から支給され、各編集者にメールアドレスが割り当てられ始めたばかりだった。だから当然、インターネットで検索なんていうことはまだできず、調べものがあったら、その分野の詳しい人物を探し出して話を聞くか、本屋や図書館をいくつも回り文献をあたるしかなかった。

建築には興味があったが全くの素人だった僕は、その日も海外の雑誌がたくさん置かれている図書館へ行き、当時担当することになっていた北欧デザイン特集のネタ集めをしていた。そんな折、パラパラと洋雑誌をめくっていると目に飛び込んできた奇抜な建築があった。写真こそ小さかったが、そこには岩肌にへばりつくように建つ無数のUFO型の家のようなものが写っていた。よく読んでみると、1968年フィンランドで生まれた未来の住宅フトゥロと書かれている。「なんだ、これは！」身体中を電流のようなものが駆け巡った。と同時に、ムクムクと好奇心が湧いてきた。そこにロマンを感じた。謎のこの建築を自分の目で見てみたい。建築ってなんだか難しくて、硬いものだと思っていたけれど、こんな得体のしれない建築もあるのか——これが僕のビックリ建築との出合いだった。

それから約20年。ブラジル、キューバ、フランス、メキシコ、ジョージア、そして日本各地…僕は世界中を巡り、ビックリ建築を探し捉えてきた。なぜ不思議なフォルムをもつ建築が生み出されたのか？　それは時代のせいなのか？　それともマッド・サイエンティストのような建築家のせいなのか？？？

この本ではその一部ではあるけれど、「ビックリ建築」という不思議な建築が世にあることをお伝えすると共に、その魅力や、生まれるにいたった時代背景や建築家の思想など、リポートしてみたい。

ビックリ建築探求家　**白井良邦**

© Matti Suuronen/Museum of Finish Architecture

1968年、フィンランド人建築家マッティ・スーロネンにより デザインされたUFO型住宅＜フトゥロ＞の模型。建築模型というよりは、まるで特撮映画で使われる宇宙基地のような雰囲気。これが79年にはニューヨーク近代美術館での建築展で紹介されるのだからビックリです。

- CONTENTS -

WONDER ARCHITECTURE

EXTRA

O FUTURO JÁ TEM CAPITAL

BRASÍLIA

O Brasil, com a sua nova Capital, deixa para trás o próprio tempo. Brasília saltou por cima do Século XX. É um poema com a marca da imortalidade. É de cimento e de sonho. Eis o que traduz a cobertura dos repórteres Ubiratan de Lemos, Audálio Dantas, Luiz Carlos Barreto, José Medeiros, Ronaldo Moraes, Paulo Namorado, Geraldo Viola, Rubens Américo e Lisl Steiner.

1960年に突如、砂漠の中に都市が出現した。ブラジルの首都ブラジリアである。都市計画をルシオ・コスタが、国会議事堂をはじめ主要な建築の設計をオスカー・ニーマイヤーが手掛けた。この写真はブラジルの雑誌「O CRUZEIRO」に掲載されたもの。式典に出席するVIPの背後にニーマイヤー設計の国会議事堂が見える。

これは一体、何だ!?

無数に並ぶUFO型の家…。<フトゥロ>はレジャー用として、1968年フィンランドで実際につくられた住宅だ。FRP（繊維強化プラスチック）製で直径は8m。奇抜なデザインで人気を博し、日本を含め世界中へ輸出された。しかし、1973年のオイルショックで石油価格が高騰、生産中止に追い込まれた。

南仏カンヌ湾を見下ろす丘の上にあるファション・デザイナー、ピエール・カルダンの別荘＜Le Palais Bulle（泡の宮殿）＞。建築家アンティ・ロヴァグの設計だ。家には“角”が無くすべて曲線でできている。元はロヴァグのよき理解者であったベルナールという人物により建設が始まったが、急逝によりカルダンが譲り受けた。

Courtesy of Pierre Cardin/©Pascal Chevallier

世界は驚きで溢《あふ》れています。
さあ、「ビックリ建築」を巡る
冒険へ出かけましょう！

建築家マッティ・スーロネンの設計により誕生したUFO型住宅フトゥロ。写真はそのプロトタイプ。現在はオランダ・ユトレヒトの美術館が所蔵している。直径8m。FRP（繊維強化プラスチック）製で、内部にはトイレ・シャワー・キッチン・寝室スペースがある。

©Matti Suuronen/Museum of Finish Architecture

60'S SUPER FUTURE HOUSE

宇宙時代が生んだ住宅 ＜フトゥロ＞を追え。

1968年、フィンランドで生まれた未来の住宅＜フトゥロ＞。その奇抜なフォルムは世界中から注目され輸出されたが、オイルショックの影響で消えてしまう。その数奇な運命をリポートする。

1

2

©Matti Suuronen/Museum of Finish Architecture

4

3

フトゥロは当時世間の注目を集めた。
1.フィンランドから海外へと輸出されるフトゥロ。2.ヘルシンキの老舗デパート「ストックマン」での展示。3.アメリカにて。大型ヘリコプターを使って輸送されるUFO型住宅。4.ソ連のスキー場のレジャーハウスとしても使用された。

Courtesy of DESURA/Marko Home/Mika Taanila

©C-G Hagström/Museum of Finish Architecture

©C-G Hagström/Museum of Finish Architecture

フトゥロでのファッション撮影ショット。60年代のスペースエイジを象徴するデザインだったフトゥロは、そのアイコンとして機能した。このほか、アメリカの「PLAYBOY」誌などでも、当時撮影場所として使われた。

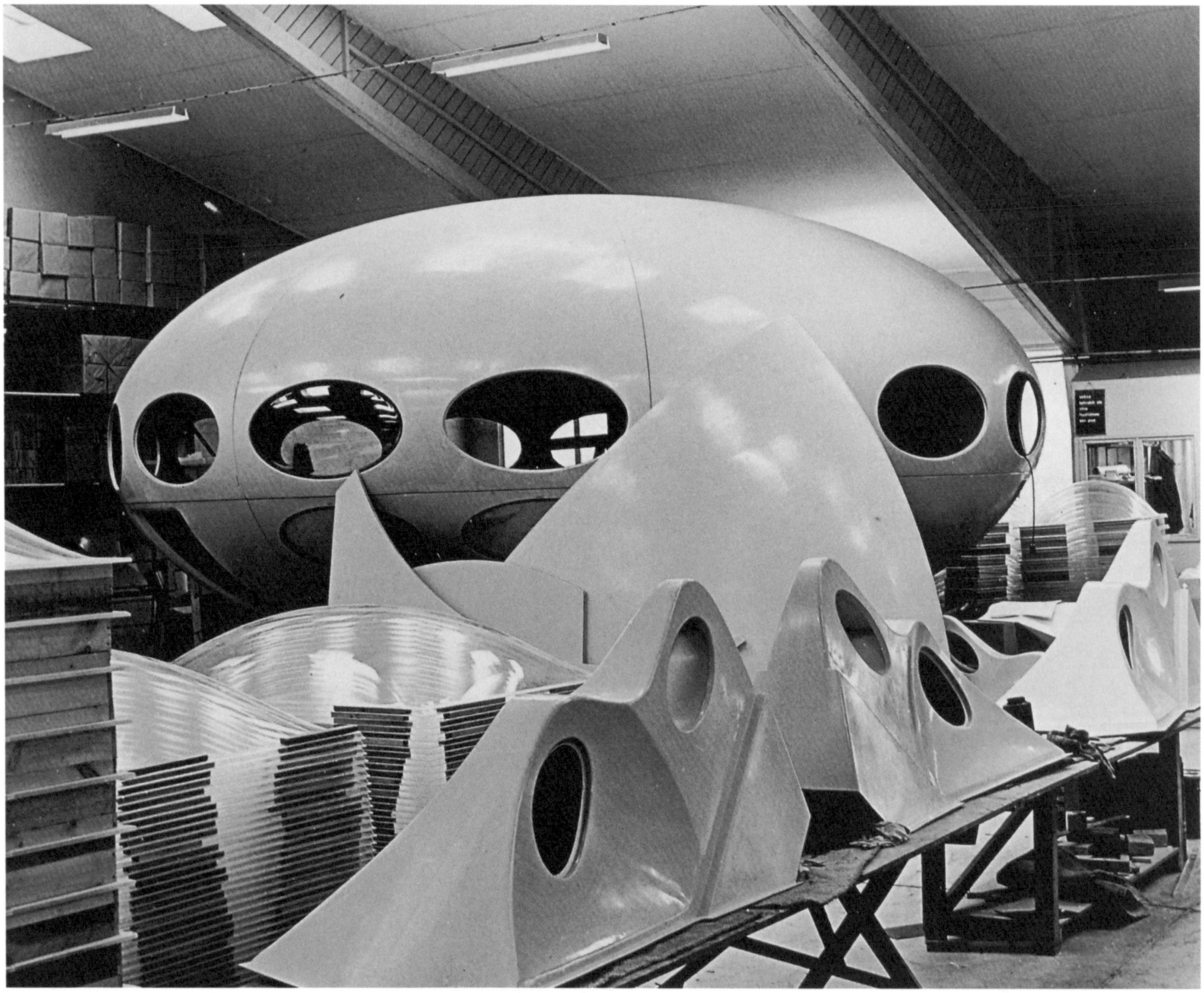

©Matti Suuronen/Museum of Finish Architecture/Photos by Kuvat Lasse Nio

フトゥロの製造メーカー「POLYKEM(ポリケム)社」での組み立て風景。FRP(繊維強化プラスチック)を使った製品の製造に長けていたポリケム社は、フトゥロ以外にも建築家マッティ・スーロネンと協働し、住宅シリーズ「CASA FINLANDIA」を世に送り出した。

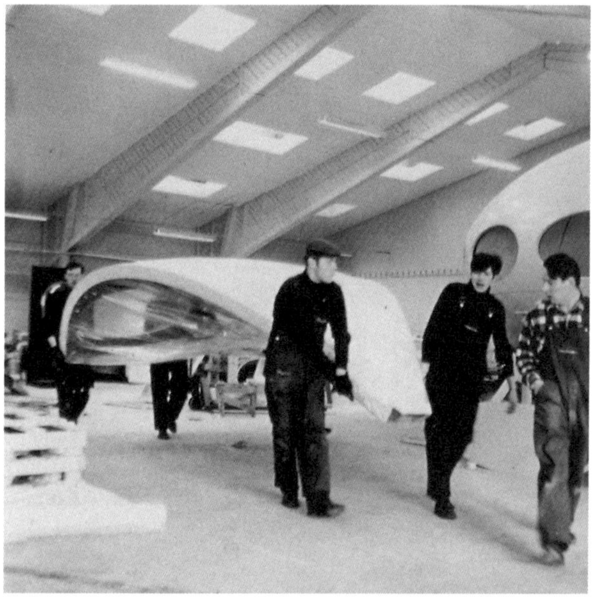

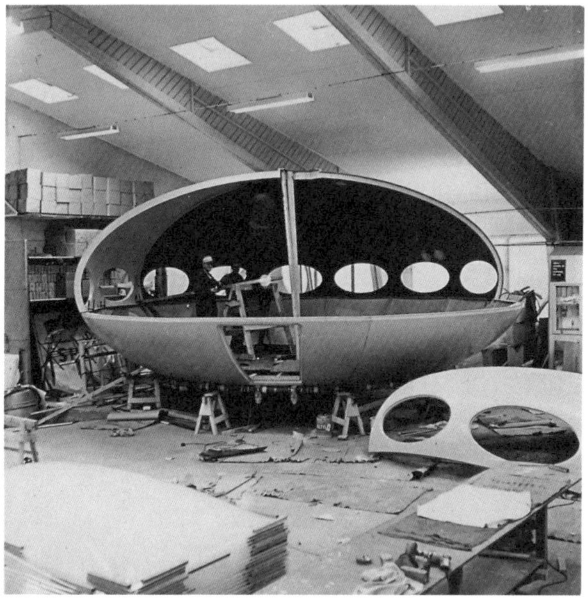

©Matti Suuronen/Museum of Finish Architecture/Photos by Kuvat Lasse Nio

FUTURO II ....AN ADVANCED
LIVING CONCEPT OF REINFORCED FIBERGLASS ....

DESIGNED AND PRODUCED BY FUTURO CORP.

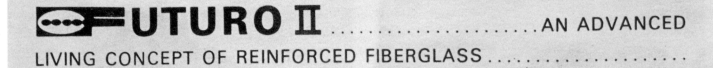

olotila futuro
Futuro edustaa nykyaikaista, huoletto-man mukavaa asumis-muotoa — käytännöllistä viihtyisyyttä.
Futuro on tulevaisuuden olotila.
FUTURO
COPYRIGHT BY MATTI SUURONEN ©

右／アメリカでのフトゥロの販売会社「フトゥロ・コープ」のパンフレット表紙。
上／フィンランドのフトゥロ製造メーカー「ポリケム社」のパンフレット表紙。

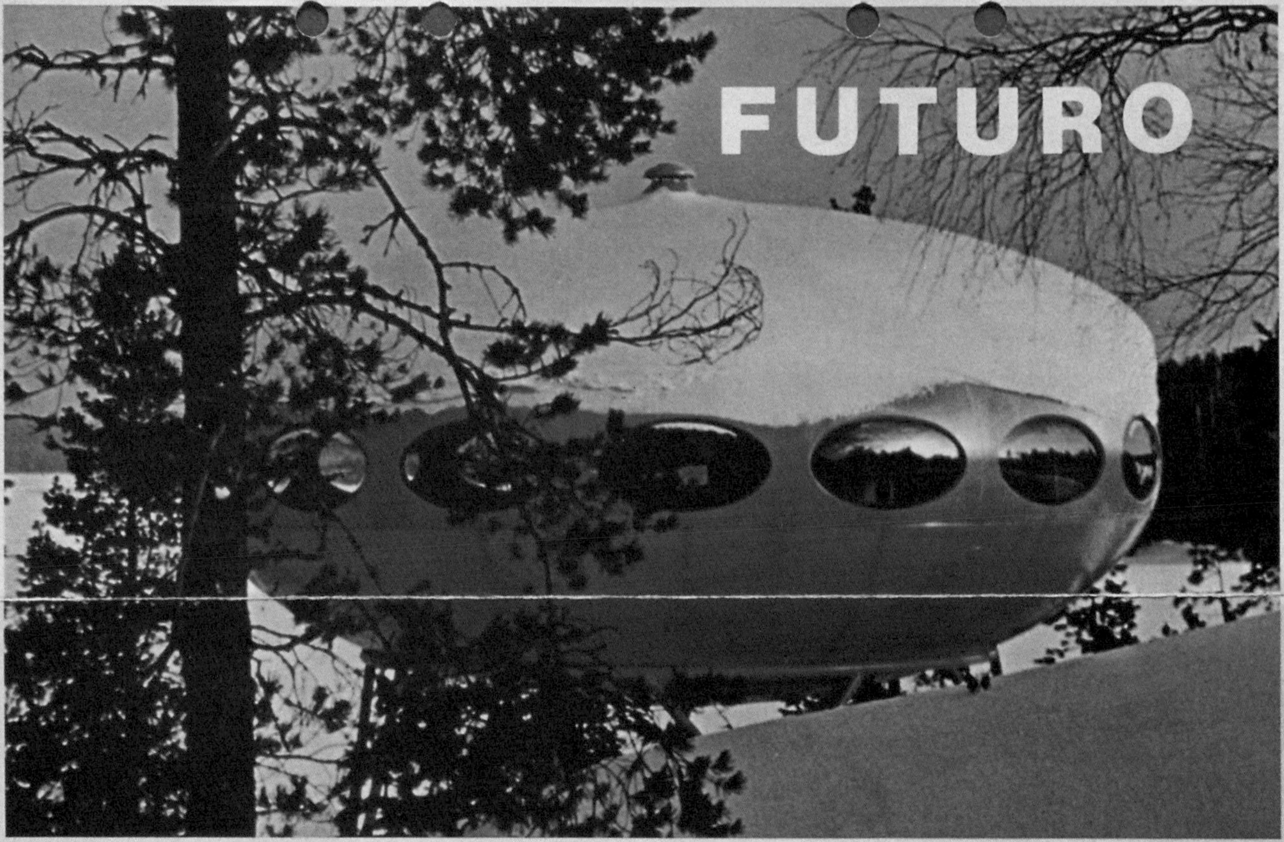

The Futuro's steel-legged base is adaptable to virtually any terrain, from flat ground to a 20-degree incline. An entrance foyer is located between the bedroom and the bath; a counter-balanced flip-down front door forms the staircase. Sixteen elliptical windows ring the module.

portable playhouse

It's a flying-saucer-shaped hideaway designed for instant livability in any clime

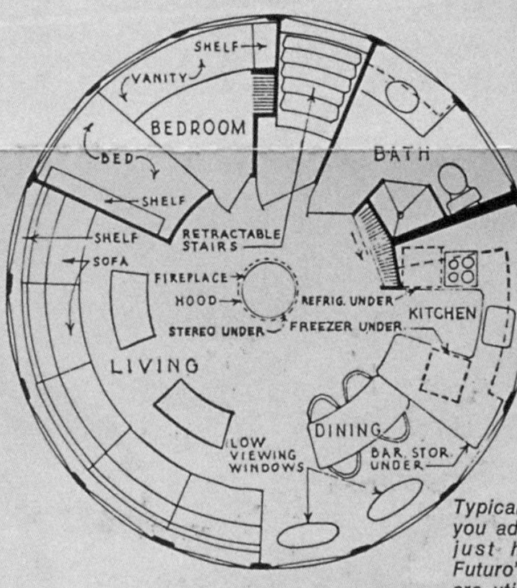

Typical floor plan gives you additional insight on just how wisely the Futuro's 500 square feet are utilized.

Futuro—a fiberglass funhouse—which has a 26-foot diameter—can be purchased as empty as an eggshell or as a deluxe completely furnished model, with its wall-hugging curved sofa, deep-shag carpets, dimmer-controlled indirect lighting and hooded fireplace that doubles as a barbecue grill. The interior layout of the Futuro is exceptionally compact; a combination kitchen-dining-living area makes up two-thirds of the pad, while the remainder is a bedroom and bath. Overnight guests can be quartered in the living area, as the two cocktail tables adjacent to the sofa convert into double beds. The Futuro is virtually maintenance-free; its sealed-up saucer shape and unique ventilation system all but eliminate dust and humidity; and an optional air-conditioning unit keeps the hideaway cool in summer. When the coldest winter arrives, built-in electric heating coils maintain a comfortable 72 degrees even under the heaviest snowload.

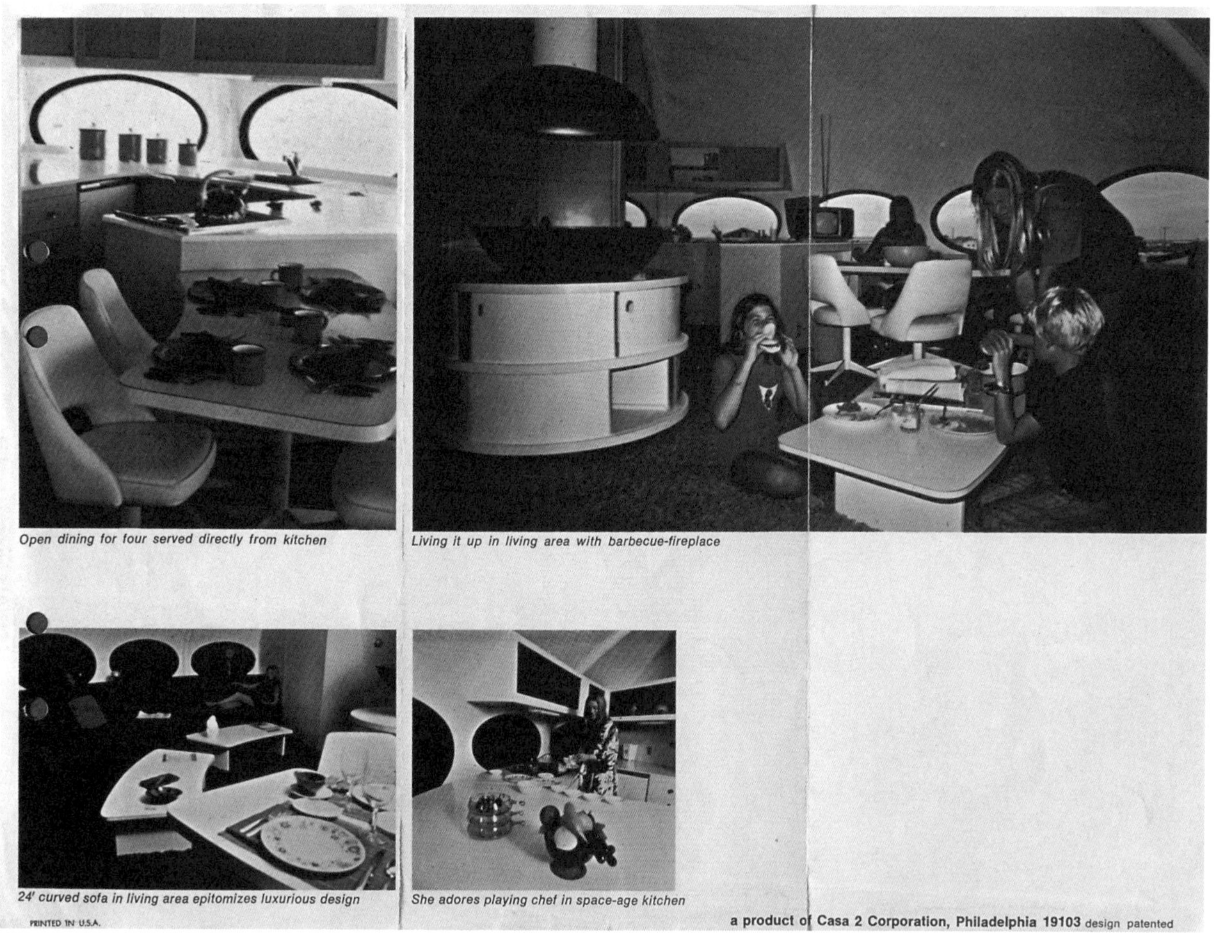

Open dining for four served directly from kitchen

Living it up in living area with barbecue-fireplace

24' curved sofa in living area epitomizes luxurious design

She adores playing chef in space-age kitchen

PRINTED IN U.S.A.

a product of Casa 2 Corporation, Philadelphia 19103 design patented

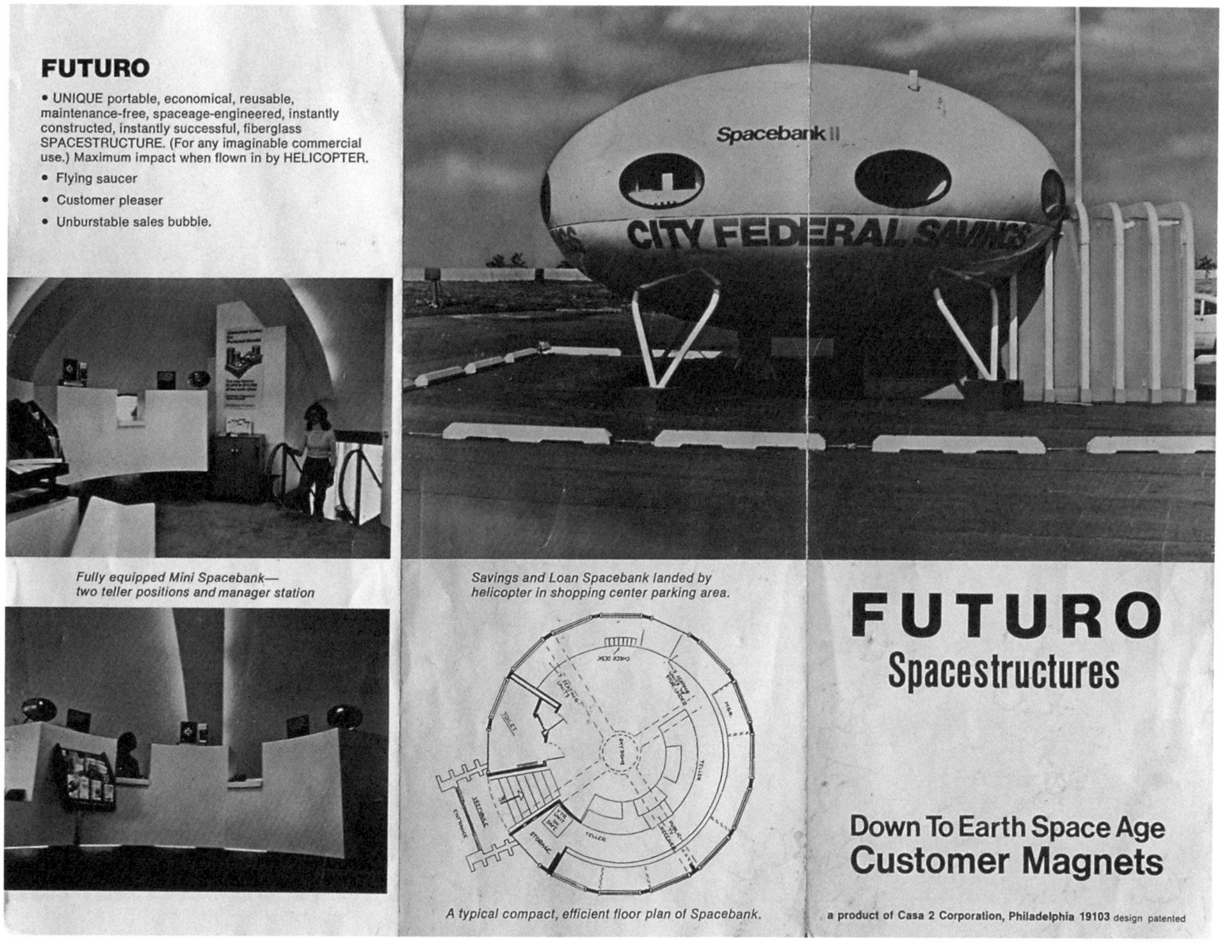

FUTURO

- UNIQUE portable, economical, reusable, maintenance-free, spaceage-engineered, instantly constructed, instantly successful, fiberglass SPACESTRUCTURE. (For any imaginable commercial use.) Maximum impact when flown in by HELICOPTER.
- Flying saucer
- Customer pleaser
- Unburstable sales bubble.

Fully equipped Mini Spacebank— two teller positions and manager station

Savings and Loan Spacebank landed by helicopter in shopping center parking area.

A typical compact, efficient floor plan of Spacebank.

FUTURO
Spacestructures

Down To Earth Space Age
Customer Magnets

a product of Casa 2 Corporation, Philadelphia 19103 design patented

アメリカのフトゥロの販売会社「フトゥロ・コープ」のパンフレット。実際の家具をセットしそこでの暮らしを想起できるようにしたり、
銀行として使用されている実例を示したりしながら、わかりやすくUFO型住宅の使い方を紹介している。

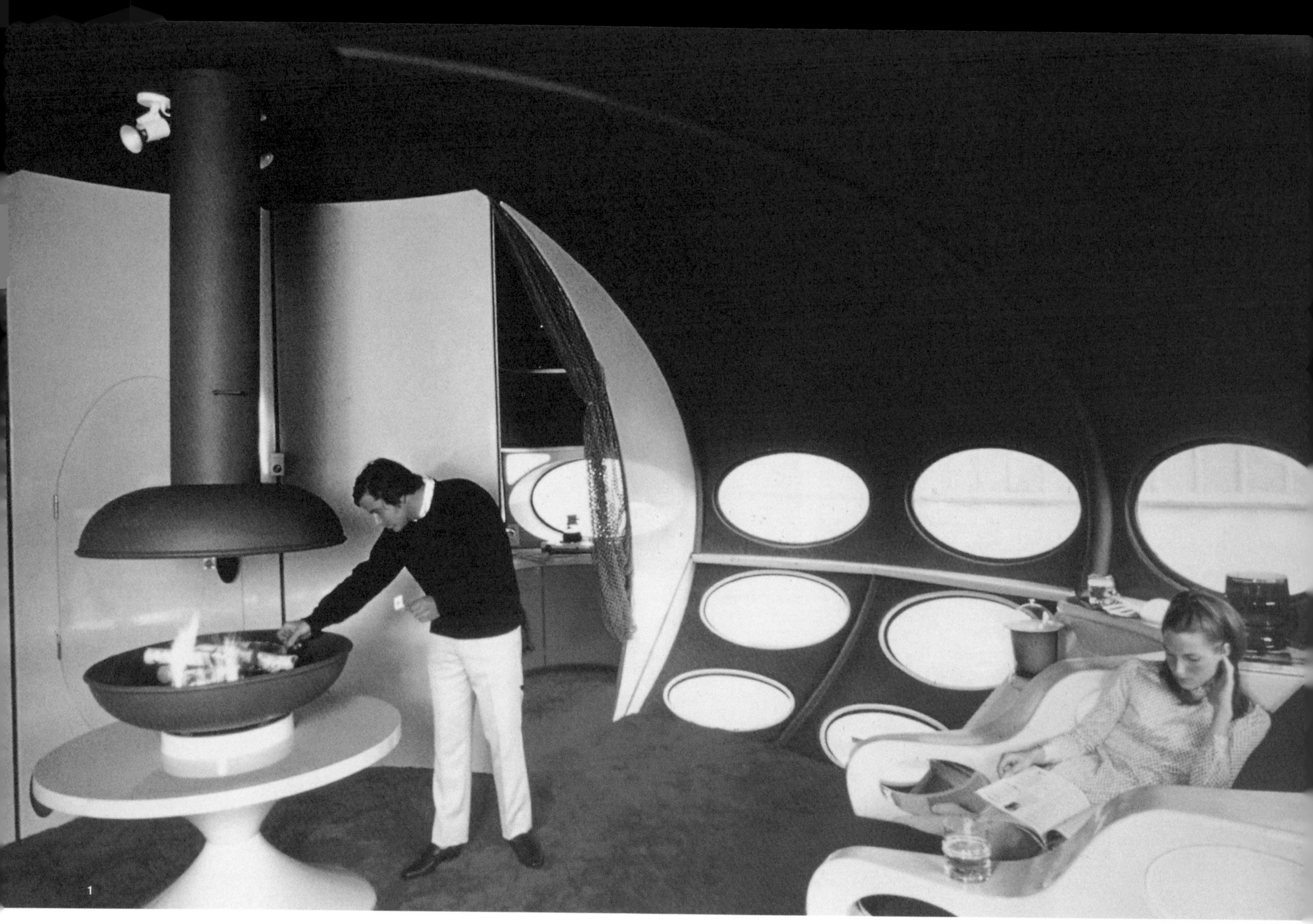

1

冷戦さなかの1961年5月。アメリカ合衆国大統領ジョン・F・ケネディは10年以内に人間を月に到達させるとの声明を発表した。その1カ月前にソビエト連邦の宇宙飛行士ユーリ・ガガーリンが人類史上初の有人宇宙飛行を成功させたからである。アメリカの威信をかけたこの公約は、69年7月、アポロ11号の月面着陸の成功により果たされることとなる。

月面着陸成功1年前の68年、後世まで語り継がれる一本の映画が公開された。スタンリー・キューブリック監督の『2001年宇宙の旅』である。否応なしに人々の関心は宇宙へと向けられた。グラフィック、家具、商業空間などに、宇宙を感じさせる近未来的なデザインが味付けされた。フィンランドで生まれたUFO型住宅〈フトゥロ〉もそんな時代が生んだ、スペースエイジの落とし子である。

UFO住宅の数奇な運命。

若き建築家マッティ・スーロネンは友人からスキー場に週末用のレジャーハウスを建てたいという相談を受けた。が、そこは急斜面なうえ、まともな道も通っていないような土地だった。そこで彼が考えたのが軽量でパーツに分解できる組み立て式住宅だった。素材にはFRP（繊維強化プラスチック）を採用した。

UFOの形をした奇抜な住宅は大ヒット。正確な数は不明だが40棟ほど生産され、アメリカ、ソビエト連邦、南アフリカ、オーストラリアなど世界中に輸出された。別荘としてはもちろん、アメリカでは銀行の建物として使われるなど、各地で熱狂的に迎えられ注目の的となった。しかし73年にオイルショックが起きると風向きが変わる。プラスチック製のUFO住宅は原油価格の高騰により、生産中止に追い込まれてしまうのだ。こうしてフトゥロは表舞台から姿を消し、やがて人々の記憶からも忘れられていった。

いざ、フィンランドへ。

99年、私は外国のデザイン雑誌を眺めていて偶然、このフトゥロの記事を見つけ興味を持ち調べ始めた。すると、フィンランドの首都ヘルシンキにある建築博物館に模型や図面が保管されていることがわかった。現地のコーディネーターを介し、フトゥロの生みの親、建築家のマッティ・スーロネンへのコンタクトにも成功。2000年冬、インタビューのため、ヘルシンキへと飛んだ。彼に、なぜこんな奇抜なUFO型住宅をつくったのか、どうしても直接聞いてみたかったからである。

極寒のヘルシンキに着くと、さっそく待ち合わせ場所である建築博物館へと向かった。既に、スーロネン氏は到着していて私を待っていた。この時、彼の年齢は68歳だったがもう少し年を取っているように見えた。弱々しさも感じた。博物館にインタビューをする場所が無かったため、彼の自宅で話を聞くことになった。

スーロネン氏の自宅はヘルシンキ中心部から車で20分ほど行ったところにあった。ただ残念なことに、ごく普通の、何の変哲もないアパート

3

2

1.フトゥロの内部空間。中央天井には換気扇が備え付けられ、バーベキュー用グリルも設置されていた。2.寝室スペース。納戸的な空間。3.リビングの周囲にはリクライニングできるソファが複数造り付けられている。窓はフィックスで、空調や換気のために開けることができないのが難点だった。

©Matti Suuronen/Museum of Finish Architecture

だった。そこに妻と共に2人でつつましやかに暮らしていた。家具やインテリアもどれも平凡なものばかりだった。スペースエイジを体現したような、ぶっ飛んだ近未来的なデザインの住宅に住んでいるのではと期待をしていたのだが…。

私は今まで彼が設計してきた建築の資料を見せてもらった。そこにはフトゥロと共にヴェントゥロというFRP製のスペーシーなデザインの面白い小屋が載っていたが、そのほかの多くは、農場のサイロや小さな工場やオフィス、住宅ばかりだった。彼はデザインや思想に優れた建築家というよりは、構造計算に長けた技術者という印象だった。

私は気を取り直し、単刀直入に、なぜUFOのような住宅をつくったのかを聞いてみた。

「自然界に真四角なものは存在しない。だからこの家も丸くしたのだ。フトゥロは自然の石やキノコの形なのだ。それが円盤型の住宅をつくった理由だ」。彼はそう答えた。しかし住宅を、UFOそのものの形にしたことへの答えにはなっていなかった。

私は60年代のデザインについての話などを振ってみたが、彼はほとんど興味を示さなかった。おまけに途中で通訳が彼の話を訳さなくなったのでどんな話をしているか確認してみると、昔飼っていた犬の話を延々としているという。この老建築家が認知症で会話がままならないのか、意図的に話をはぐらかせているのかは定かではなかった。しかしこれ以上、革新的な話を聞くことはできないと判断した私は、少し寂しい気持ちでスーロネン氏の自宅を後にした。

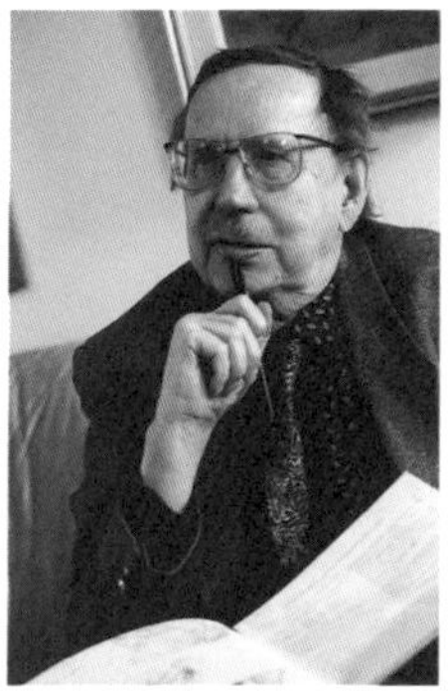

Matti Suuronen

マッティ・スーロネン

1933年、フィンランド生まれ。61年、フィンランド工科大学卒業後、建築事務所設立。68年、UFO型住宅＜フトゥロ＞をデザインする。79年、MoMA（ニューヨーク近代美術館）で開催された「Transformations in Modern Architecture」展ではフトゥロが紹介された。

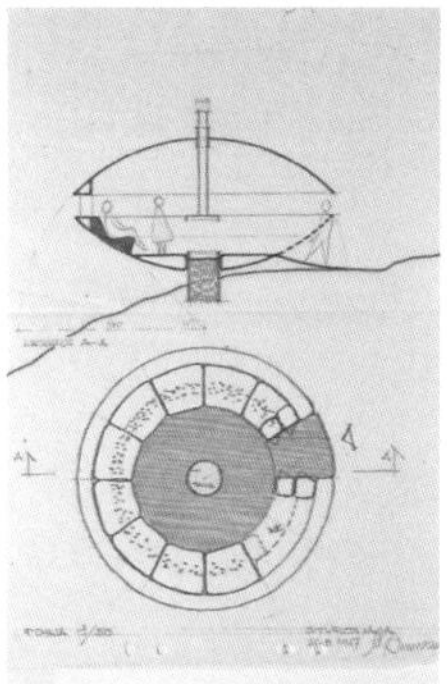

FUTURO

フトゥロ

1968年、レジャー用の小屋として開発されたUFO型住宅。直径8m。素材は繊維強化プラスチック。室内にはシャワー・トイレ・ソファ・暖炉が備え付けられている。プロトタイプはオランダのユトレヒト美術館が所有。73年のオイルショックで生産中止となった。右は建築家マッティ・スーロネンによる、フトゥロのプロトタイプの設計図。

©Matti Suuronen/Museum of Finish Architecture

軽井沢で見つかったフトゥロを一般公開するため、2001年秋、東京・赤坂の敷地へと運び込んだ。写真は運搬のため解体したフトゥロを再び組み立てている様子。5人が丸2日間作業し、完成させた。

FUTURO HOUSE IN JAPAN

UFO住宅、実は日本に輸入されていた！

フィンランドでつくられた〈フトゥロ〉は、
70年代初頭、日本に輸入されていたことが判明。
フィンランド、軽井沢での取材の様子と共に、
東京での一般公開までをお伝えしたい。

軽井沢の別荘地に放置されたフトゥロ。A氏が80年代に解体を依頼されたが、周囲の木が伸び過ぎていて運び出すことができなかった。（2000年春撮影）

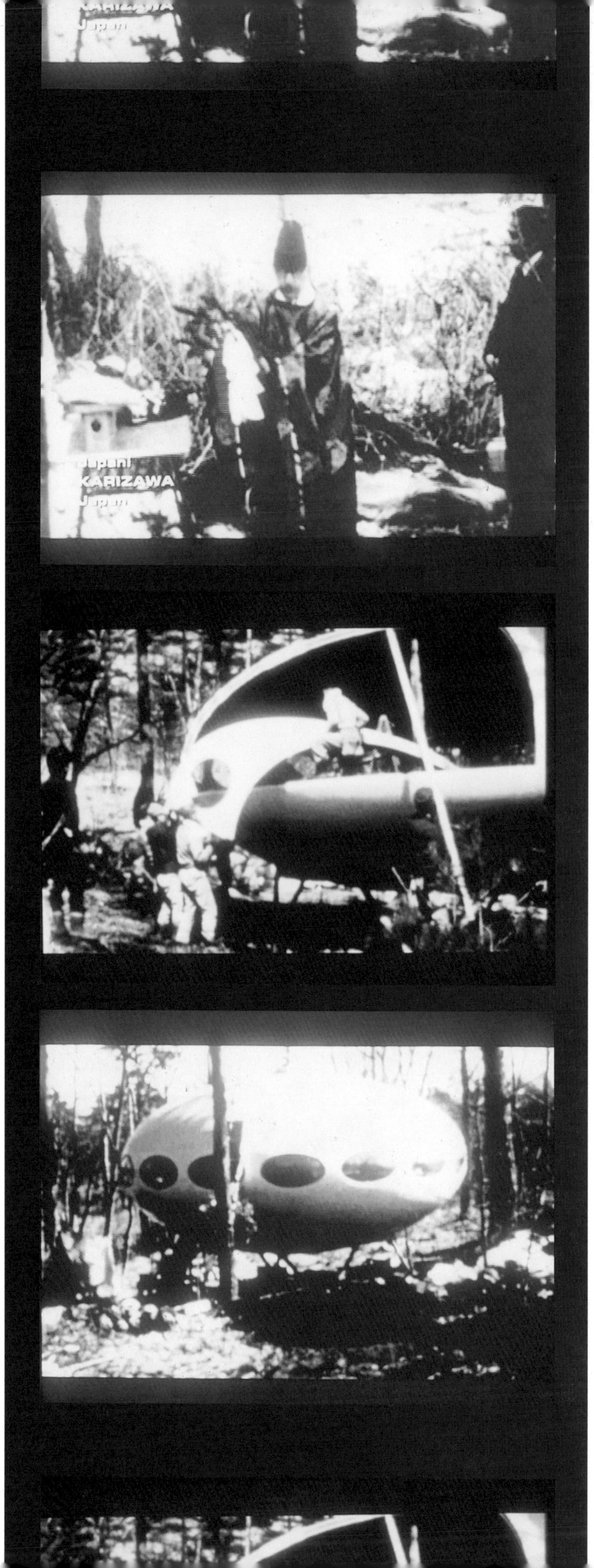

Photo from the Film "FUTURO - A New Stance for Tomorrow" / Director and Editor : Mika Taanila / Screenplay and research : Mika Taanila and Marko Home / © Kinotar Oy 1998

監督ミカ・タニラによるフトゥロのドキュメンタリー映画の1シーン。日本の軽井沢でフトゥロが作業員により組み立てられたり、神主により地鎮祭が執り行われている様子など、貴重な記録が収められている。

右上／別荘地に放置されたフトゥロの内装。雨風が吹き込み、かなり傷んでいる。左／A氏がもらい受けたフトゥロ。建設資材置き場に置かれそのままになっていたが、2001年に東京へ運ばれ一般公開された。

1. 2001年一般公開のためフトゥロをパーツにばらし、長野〜東京間をトラックで運搬した。2. 赤坂の敷地で組み立てを行う。

2000年冬、フィンランドでの建築家マッティ・スーロネンへのインタビューは不発に終わったが、私にはヘルシンキで、もうひとつ重要なアポイントメントがあった。それはフトゥロ研究家マルコ・ホメ氏と映像作家ミカ・タニラ氏と会い、フトゥロの数奇な運命を描いたドキュメンタリー映画を見せてもらい、謎の多いこの住宅について詳しく話を聞くことだった。

マルコ・ホメ氏の経営する出版社を訪れ、会議室で映画を見せてもらい驚いた。フィルム自体は30分と短かったが、70年代に日本で撮られたと思われる映像が使われていたのだ。問題のシーンは、神主がフトゥロを前に地鎮祭を行う映像で、その場面にはKARUIZAWAとクレジットされていた。どうやらUFO住宅は軽井沢に不時着していた!? 本家フィンランドまではるばる探しに来てみたら、実物が日本にあったという事実!（というかオチ） 灯台下暗しとはまさにこのことである。

マルコ・ホメ氏から1973年当時のフトゥロ販売先リストを入手することができた。そこにはアメリカ、アルゼンチン、南アフリカなど世界各国の契約先と共に日本の輸入商社の名前も記されていた。さっそく私は帰国後、日本に輸入されたフトゥロの所在を確認するため、リストにあった東京・日本橋の住所・電話を当たってみた。が、残念ながらその会社は既に無く、捜索は八方ふさがりとなった。

軽井沢にあったUFO住宅。

ところがその数カ月後、事態は思わぬ展開を見せる。フトゥロの取材記事を雑誌「Casa BRUTUS」に掲載したところ読者から編集部に電話が入ったのだ。「私の父がこのUFO住宅を持っています。子どもの頃、私もこの中で遊んでいました」——。

電話の主は、代官山で夫が美容院を経営する長野県出身の女性で、店にあった雑誌をめくっていたら子どもの頃遊んでいたこの住宅の記事に気づき、編集部に電話したのだという。彼女曰く、これがフィンランド製でこんなにも貴重なものだとは夢にも思わなかったとも…。私は彼女から実家の連絡先を聞き、すぐに彼女の父親にコンタクトを取った。

01年春、私はUFO住宅を所有しているという、長野県小諸市で建設業を営むA氏のお宅を訪ねた。彼の自宅から少し離れた資材置き場へ案内されると、そこには太陽に照らされニブい光を放つ白い物体が置かれていた。フトゥロである。工事現場の部材やショベルカーの脇に放置され薄汚れた状態ではあったが、まぎれもなく探し求めていた未来の住宅がそこにあった。

A氏にフトゥロ入手の経緯を詳しく聞いてみると、彼はこの家を輸入・購入したオーナーではなかった。A氏は80年頃、軽井沢・千ヶ滝の別荘地にある古屋の解体を別の業者から依頼されたという。現場に行ってみるとUFOの形をしたプラスチック製の家が放置されていた。「捨てるのは忍びないから、解体費の代わりにもらったんだよ。敷地には2つのUFOがあったんだけれど、1軒は周囲の木が伸び過ぎて重機が入らず解体できなかった。解体できた方も、一つの部品が3メートルもあってトラック

3. クレーンでパーツを吊り上げ、手作業で丁寧に組み立てを行う。4. 組み立て途中の風景を収めた貴重な写真。

下／東京・赤坂で一般公開された後、フトゥロは群馬県前橋市にある「フェリカ建築＆デザイン専門学校」に引き取られ、今でも学校のシンボルとして大切に保存されている。

に乗らなくて苦労したよ。大型トレーラーと2トントラック2台で、この敷地まで運んだんだ。プラスチック製だから部材は大人2人で運べたけれどね。すごい数のネジがあって設計図が無いから解体時の記憶を辿って、勘を頼りに独りで組み立てたよ」。A氏は譲り受けた当時のことを細かに教えてくれた。編集部に情報を寄せてくれた娘さんが小さい頃は、この中で宴会をしたり頻繁に使っていたそうだが、子どもたちが成長するにつれ次第に気を留める者もいなくなり、ここ10年ほど放置されていたという。

フトゥロ輸送大作戦。

もったいない——貴重な文化財級のお宝建築がここ日本にあったのに、このまま歴史の塵の中に埋もれてしまう…。私は編集部へ戻るとこのフトゥロをなんとか救えないか訴えた。編集会議の結果、これを東京へ運び、「Casa BRUTUS」月刊化一周年記念のイベントで展示、その模様を誌上で紹介し新しいオーナーを見つけようということになった。

10月11日から始まるイベント「東京デザイナーズウイーク2001」に合わせ、フトゥロ展示のために探し出した敷地は、赤坂アークヒルズ裏の古い洋館が建つ庭先だった。フトゥロは直径が8メートルあり、そのサイズのものを展示する土地を見つけ出すのは至難の業だった。組み立て・解体のために部材を置いておく場所も展示スペースとは別に必要であったし、作業用のクレーン車も入れるよう間口が広くないといけなかった。おまけに都心でこのような大きな土地を1カ月間借りるのには莫大なお金がかかり、一編集部の予算では補いきれなかった。幸いなことに編集部と付き合いのあったデベロッパーの好意でこの一等地を紹介してもらい土地オーナーの好意もあり、格安の値段で借りられることになった。

01年9月、長野～東京間の輸送作戦が決行されることになった。A氏に依頼した輸送のためのフトゥロ解体も終わり、いよいよ移送開始という直前、あの大事件が起こった。NY同時多発テロである。赤坂の展示会場は、米国大使公邸と目と鼻の先にあり、周囲はものすごい数の警官が日本でのテロ発生を警戒し巡回していた。フトゥロの部材を運ぶトラックが怪しまれ搬入ができなかったら…。結局、職務質問はされたもののトラックは無事敷地に到着、心配は杞憂に終わった。こうして本物のフトゥロは無料公開され、3日間で5000人を超える観客が訪れた。展示会場には長蛇の列ができ、他のメディアの取材も受けた。謎に包まれたUFO住宅がついに白日の下にさらされたのだ。

- COLUMN -

FUTURO'S BROTHER HOUSE

UFO住宅の兄弟が、同時代につくられていた。

建築家マッティ・スーロネンはフトゥロ以外にも、FRP製の建築をつくっていたことが判明。そのなかでも一番おしゃれでスページエイジ的な住宅<VENTURO（ヴェントゥロ）>をリポートする。

2000年冬、フトゥロの生みの親、建築家マッティ・スーロネンにインタビューした際、彼から入手した資料の中に、フトゥロの製造メーカーであるフィンランド「ポリケム社」の製品パンフレットがあった。そこには<CASA FINLANDIA（フィンランドの家）>と銘打ったFRP、すなわち繊維強化プラスチック製のプレファブ建築が掲載されていた。製品はフトゥロを含め全部で6タイプ。サイズ・形が異なるのでそれを組み合わせ、売店やレジャーハウス、ガソリンスタンドなど、多目的で利用ができると紹介されていた。

「これは何ですか？」。なかでも一番私の興味をひいたのが、<ヴェントゥロ>と名付けられたCF-45というレジャー向け住宅だった。UFO型に比べればインパクトは少ないが、月面に並べられた宇宙基地のようなフォルムをしている。レトロフューチャーなデザインなのだ。スーロネンは答えた。「これは1972年に私がデザインしたFRP製の住宅だ。世界中から注文が殺到したんだが、残念ながらフトゥロ同様、73年のオイルショックで石油が高騰すると製造が行き詰まり、これも生産中止に追い込まれてしまったのだ…」。そう言って、彼は寂しそうに、アメリカで制作されたヴェントゥロの製品パンフレットを見せてくれた。そこには、湖の湖畔に置かれたレジャーハウスでの楽しい生活の様子が、ポップなインテリアと共に映し出されていた。さらに詳しく話を聞いてみると、ヘルシンキ郊外の住宅地に、開発当時分譲されたこの住宅が今も残っているという。だがこの時は別の取材で予定が詰まっていて、追跡調査は断念せざるを得なかった。

2002年初夏、チャンスが訪れた。「Casa BRUTUS」北欧デザイン特集の取材でフィンランドを再び訪れる機会を得たのだ。事前にフィンランド在住のコーディネーターに依頼しヴェントゥロの住宅取材もセッティングしてもらった。準備万端である。「Casa BRUTUS」でのフィンランド取材のメインは、この国が生んだ国民的英雄、建築家アルヴァ・アアルト自邸などであったが、私の頭の中はこのスペース住宅にロック・オンされていた。

一戸建ての住宅が立ち並ぶヘルシンキ郊外の住宅地にオステルマン一家を訪ねた。夫婦と小さなかわいらしい子ども3人の計5人が、その住宅に暮らしていた。ヴェントゥロは45㎡の大きさで、オステルマン家のものは、それを３ユニット連結させたものだった。つまり135㎡の広さということになる。家族はお世辞にも裕福といえない雰囲気だったが、敷地は広く、子どもたちがキャッキャと声を上げながら楽しそうに庭を駆けずり回って遊んでいた。

「別にこの家が好きで購入したわけではないんだ、買った理由？　他の家より安かったからだよ」。オステルマン氏は臆面もなくそう答えた。彼は住んでいたアパートが手狭になったため、96年にこの家を購入したそうだ。天井が低く開く窓も少ないため、少し圧迫感がある。何より森林や湖といった自然と中で暮らすことを良しとするフィンランド人にとって、木造ではないプラスチック製の住宅は人気がないらしい。撮影を終えた後、庭先でビールをご馳走になりながら、もうひとつの“未来の住宅”の数奇な話に耳を傾けた。

1

2

1.フィンランドのヘルシンキ郊外で見つけたプラスチック製住宅<ヴェントゥロ>。取材をしたオステルマン家は1ユニット45㎡のヴェントゥロを3つ組み合わせて住んでいた。2.ヴェントゥロの接続部分を内部から見たところ。天井が低いこと、大きな窓だが開かないことなど、長時間の滞在には少し窮屈な印象。セカンドハウスとして住むのであればよいが…。印象的だったのは、サウナが備え付けられていたこと。フィンランドではどの家庭にもサウナがあるが、ここヴェントゥロも例外ではなかった。

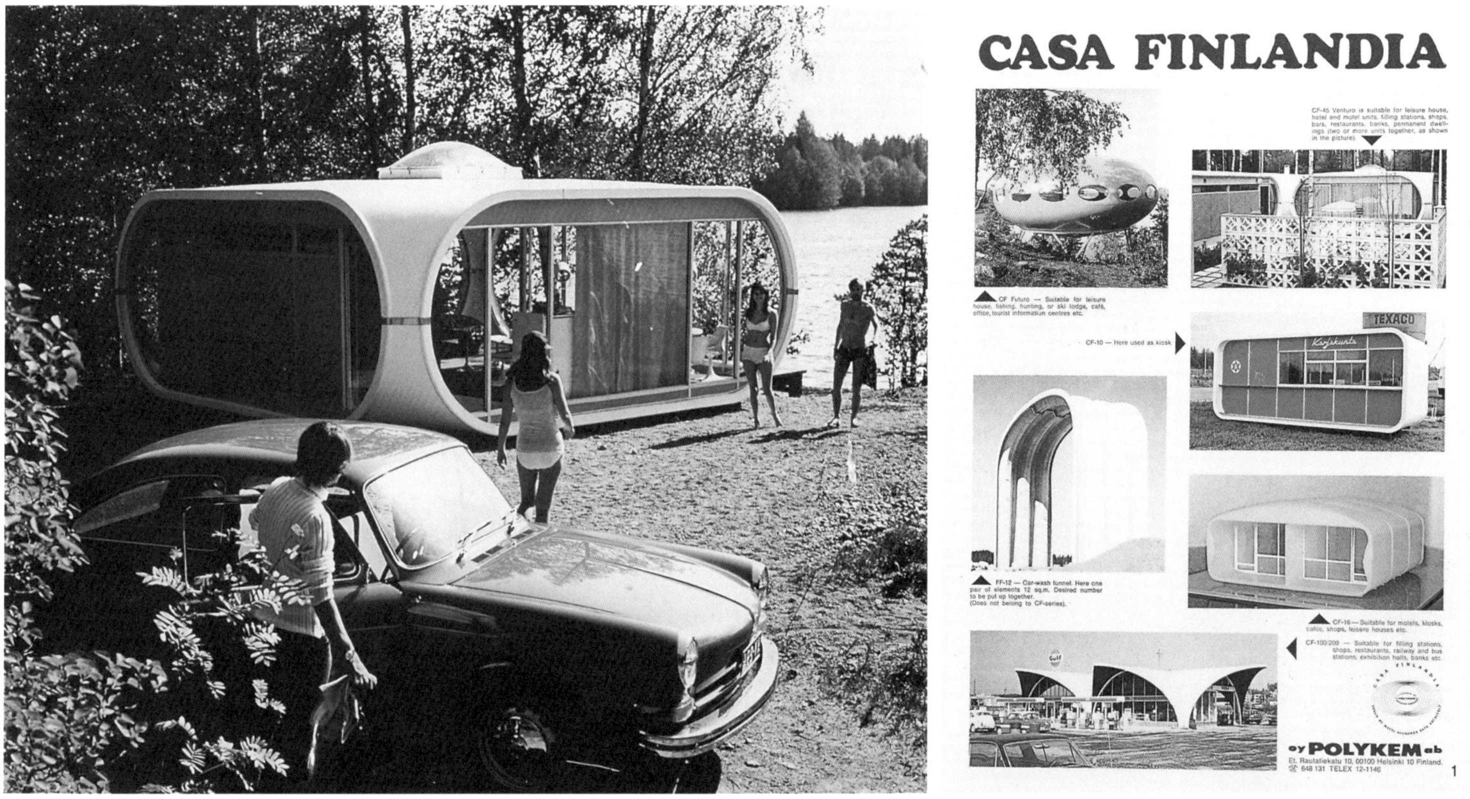
CASA FINLANDIA
CF-45 Venturo is suitable for leisure house, hotel and motel units, filling stations, shops, bars, restaurants, banks, permanent dwellings (two or more units together, as shown in the picture).
CF Futuro — Suitable for leisure house, fishing, hunting, or ski lodge, café, office, tourist informatiun centres etc.
CF-10 — Here used as kiosk.
TEXACO
FF-12 — Car-wash tunnel. Here one pair of elements 12 sq.m. Desired number to be put up together.
(Does not belong to CF-series).
CF-16 — Suitable for motels, kiosks, cafés, shops, leisere houses etc.
CF-100/200 — Suitable for filling stations, shops, restaurants, railway and bus stations, exhibition halls, banks etc.
oy POLYKEM ab
Et. Rautatiekatu 10, 00100 Helsinki 10 Finland.
648 131 TELEX 12-1146
1

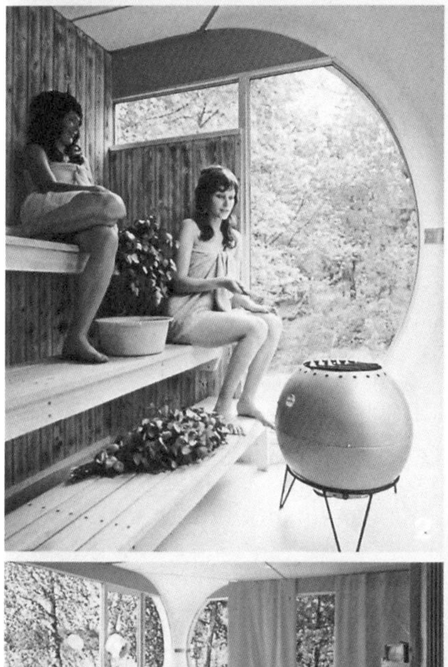

nance is required.
This pamphlet shows the basic unit, shipped to the building site in two major factory assembled sections, used for vacation purposes.
Information about larger units, for use as motels or vacation villages, cafeterias or other commercial applications, will be supplied on request.

The compact kitchenette can be supplied completely outfitted with factory installed appliances. For exports, where local codes vary, delivery can be accomplished without appliances.

Designed for maximum comfort and relaxation, an authentic Finnish sauna is an option which thrills everybody. Real Finnish pine panelling and abache-wood benches with electric sauna stove of several types available, make this an optional "must" worth the price.

The spacious living room with its window walls gives you indoor-outdoor living, creating for you a life-style of your own. For privacy, large colorful drapes provide security for your evening's relaxation. These drapes and solid color panels permit full freedom of design.

A lake, sand and sea, a beautiful valley, incomparably compatible settings for your individualized Venturo. Now, complete the scene with family and friends of your choosing – This is real vacation living – and you get it instantly, maintenance-free because Venturo's exteriors are in fibreglass, anodized aluminium and glass.

A corner of your own, with a Scandinavian touch, is created by the use of modern furniture, wall to wall carpet, or rugs on a vinyl floor is your individual choice.

Friday night – everybody into sauna and then a refreshing swim; the whole Saturday and Sunday in good company. What else is life for? It is all yours and incidentally, a sound investment within reach. Just a call and we will help you with the rest.

1.建築家マッティ・スーロネンとタッグを組んだ、FRP製の住宅製造メーカー「ポリケム」社のパンフレット。スーロネンのデザインによる6つのタイプの建築が掲載されている。2.1972年にデザインされた<ヴェントゥロ>。パンフレットのイメージ写真には70年代初頭の自由な空気感が漂う。3.ヴェントゥロのフィンランド版パンフレット。さすがサウナもきっちり装備されている。

アンティ・ロヴァグの建築は、カンヌ近郊テゥール・シュル・メールにあるピエール・カルダンの別荘＜泡の宮殿＞が有名だが、そもそもその元となったのがこの＜ゴーデ邸＞だ。ロヴァグはこのゴーデ邸のすぐ脇にある＜門番小屋＞に住み、1968年から約50年にわたりこの住居の建設を続けていた。撮影当日もこの建物の裏手では数人の職人が作業中で、「増殖」は続いていた。

BUBBLE STRUCTURE ON THE COTE D'AZUR

南仏に隠された“未来の住居”へ。

SF映画に出てくる宇宙生物のような外観を持つ奇怪な住宅。
コート・ダジュールをはるか彼方に見下ろす南仏の山中に
建築家アンティ・ロヴァグのつくる“未来の住居”を訪ねた。

2

1

今も建設が続く〈ゴーデ邸〉。しかし最初のオーナーであり、ロヴァグの良き理解者であったゴーデ氏は亡くなり、取材時はマンチェスターに住む英国人の所有となっていた。
1. 建物は球体上に鉄筋を配し、その上にコンクリートを流し込んでつくられるコンクリートシェル構造。2. 楕円形の大窓は前後にスライドし、開閉する。3. アメーバ状の巨大生物にも見える〈ゴーデ邸〉。4. プラスチック製の窓。南仏の太陽を浴び、室内ではサボテンが育つ。

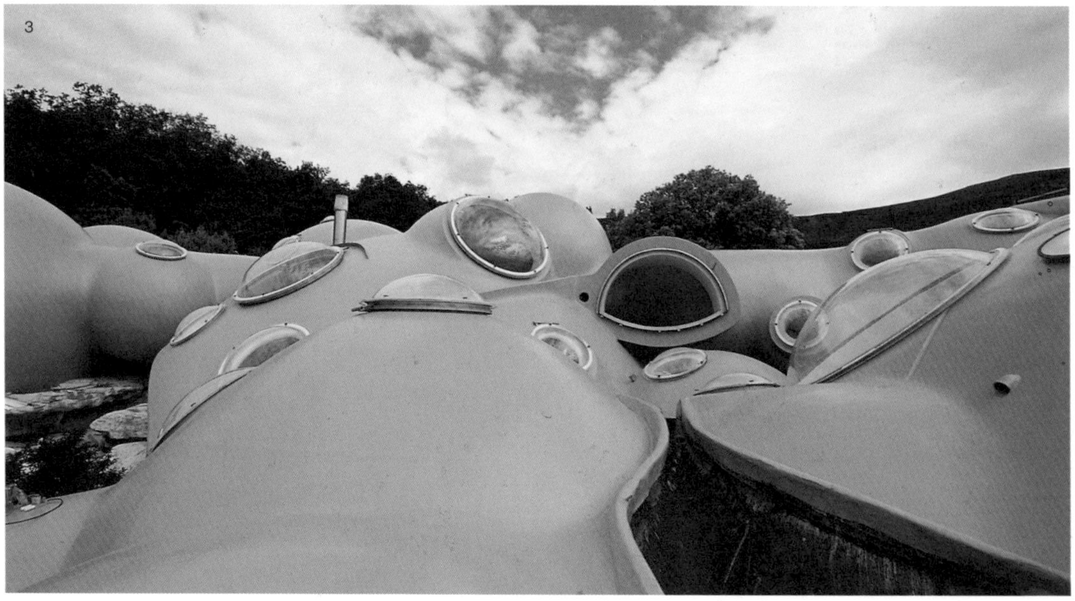

3

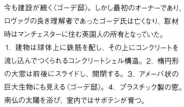

4

建築家ロヴァグの自邸である＜ゴーデ邸の門番小屋＞（1970年完成）。ゴーデ邸の建設を始めた頃、彼がいつも昼食をとったり昼寝をしたりしていたという、彼お気に入りのパワースポットの上につくられた。取材時、ロヴァグはここに暮らしていた。

紺碧に輝くコート・ダジュールの海を眺めながら海岸線をドライブし、映画祭で知られるカンヌの街を過ぎたあたりで内陸へとハンドルを切る。すると30分も経たないうちに道は曲がりくねり、田舎道へと変わる。今回、私が目指すトゥーレット・シュル・ルーはそんな場所にあった。

私がここを訪れたのは２００７年の夏。だが、観光客で賑わうこの避暑地でヴァカンスを楽しむためではない。目的はただひとつ、それはアンティ・ロヴァグという謎の建築家に会い、彼が60年代からつくり続ける未来住宅の秘密を探ることだった。

彼の建築に直線というものは存在せず、あるのは自由な曲線のみ。球体がボコボコと無数に連なる様は、SF映画に出てくる宇宙生物のようでもある。彼は80歳を過ぎたこの時も、この山中に住み、処女作である〈ゴーデ邸〉をつくり続けていた。

直線が存在しない未来の建築。

私が訪れると〈門番小屋〉の丸いドアが開き、アンティ・ロヴァグは現れた。家の中へ招かれ、建物に一歩足を踏み入れると、部屋は、床がそのまま壁となり天井になっていた。さっそく一番大きな空間で取材は始まった。

——あなたのつくる住宅はまるで何か生き物のようですね。なぜ丸い住宅を作ろうと思ったのですか?

「洞窟を出て当初人間がつくった住居は丸かった。しかし人は道具を使い木を切り、柱を発明し、直方体ばかりをつくるようになった。しかし、本来人間の動きはサークル状であるから、家は丸くあるべきなのだ」

——球体の家は、人間の動作から発想したということですか?

「人間の行動範囲は四角でなく円だ。家の中を動き回る時、その動作に十分満足がいくのは、半円状の空間、つまり泡状のフォルムなのだよ」

——あなたにとって「住宅（ハビタ）」とは一体なんですか?

「今はテクノロジーの時代に生きているのに、建築はそれをいかしきれていない。建築が遅れているのは〝動かない〟ことだ。私はかねてから〝動く住宅〟のアイデアを温めている。家は人々の生活に合わせて成長し、自由に変えられるべきだ。また私は宇宙的なエネルギーの研究もしている。いずれ２０２０年も過ぎたあたりで人類にはすごい未来がやってくる。人間が３次元を瞬時に移動する、といったような時代だ」

——あなたの経歴は謎が多いですね。

「私は１９４６年冬、26歳でパリへ来て、エコール・ド・ボザール（フランス最高峰の芸術・建築学校）に入った。でも卒業はしていないので建築家としての正式な資格はない。生まれはハンガリーだが、母はフィンラン

ロヴァグの自邸内部。滑らかな曲線に包まれた空間で、まるで胎内にいた時のような安堵感に包まれる。ここはLDKや階数といった既存の住宅概念に当てはまらず、すべての部屋が有機的に流れるようにつながっている。

ド人、父はユダヤ系ロシア人で、第二次大戦中は自分の素性を隠し、ある時はドイツ軍、ある時はソ連軍で、パイロットとして戦った」

——今の国籍はフランスですか？

「私に国籍はない…」

ロヴァグはそう言い、言葉を濁した。彼はインタビュー中、終始言葉少なげだった。自分のつくる建築を自慢することも、自説を声高に主張することもなかった。暮らしも質素で、その生活から「欲」というものが感じられなかった。だが彼は、私たちが感じない「何か」に気付いていた。

それは言葉で表すのが難しいのだが、宇宙全体に流れるエネルギーの法則、もしくはその土地や人が持つ「気」といったような、目に見えない力の類のものだ。彼は確実にそれを理解し建築を生み出しているように思えた。また、私たちの暮らすこの世のルールや概念といった決まりごとには興味がないようにも見えた。

インタビューを終え、一通りの建築撮影を済ませると、私は空路パリへ戻った。と、そこへ突然、私の携帯電話にロヴァグ本人から連絡が入った。

「言い忘れていたことがひとつ、私の国籍のことだがね。それは〝地球〟だ。プロフィールにはそう書いておいて欲しい」——。

彼は何者なのか？　取材をしたことで、さらに謎が深まった気がした。

Antti Lovag
アンティ・ロヴァグ

1920年、ハンガリー生まれ。第二次大戦後の46年、フランスへ移住。63年にフランスで有機的な建築を発展させたジャック・クエールの下で働く。72年、シャネアック、パスカル・ホイザーマンと「成長する住宅協会」をつくり協働。一貫して自らを建築家と呼ばず、「住居研究家（ハビトローグ）」と名乗った。2014年没。

メキシコシティ郊外の高級住宅地の崖地に建つ、スペースシップ・ハウス<TALLER>。マヤのピラミッドを思わせる造形だ。

ULTRA-MODERN ARCHITECTURE IN MEXICO

驚愕のメキシコ宇宙船建築。

中南米の国メキシコには、まだまだ日本で知られていない
驚くべき建築がある。70年大阪万博『メキシコ館』を
デザインした建築家のスペースシップ・ハウスを公開する。

上／<TALLER>の事務所部分に立つ、建築家ヘルナンデス。建物は3層に分かれており、一番下のフロアにヘルナンデスの建築事務所、その上と最上階の2フロアが、彼の自邸となっている。左／急斜面に建つ<TALLER>の全景。オフィス兼居住スペース部分を支える巨大な一本の柱の中は、倉庫や機械設備室となっている。

2

1

1. ヘルナンデスが妹のために設計した＜アマリア・ハウス＞（1971年完成）の外観。2. ＜アマリア・ハウス＞のインテリア。3. ＜TALLER＞エントランスにある近未来的なスチール製の螺旋階段。4. スペースシップ・ハウス＜TALLER＞内の螺旋階段に立つ、建築家アウグスティン・ヘルナンデス。5. の図／ヘルナンデスによる＜TALLER＞のスケッチ。6. の図／＜TALLER＞の元となった先住民の樹上住居のスケッチ。メキシコ先住民の住居をマヤのピラミッドのような幾何学的形態に変換、コンクリートを用い、カタチにしたのがわかる。

メキシコのモダニズム建築を語る時に真っ先に名前が挙がるのは、間違いなくルイス・バラガンだろう。バラガン（1902〜88年）は自邸をはじめ設計した数々の建築が世界遺産に登録され、あの安藤忠雄も敬愛してやまないメキシコを代表する建築家だからだ。実際、私がメキシコを訪れた理由もこのバラガンの建築を見て回るためだった。しかし、案内をしてくれた地元のメキシコ人建築家のこの一言で建築巡礼の旅は一変してしまった。

「海外にはあまり知られていませんが、メキシコシティに宇宙船のような建物があります。見たくありませんか？」

　メキシコと言えば、アメリカ、ブラジルと並びUFO目撃例が多いことで知られる国で、ここ数年の間だけでも、メキシコ空軍が謎の飛行物体相手にスクランブルをかけて追跡劇を演じたり、警察官が宇宙人とおぼしきUMA（未確認生物）に遭遇したりといった報道がされている（真偽のほどは定かではないが…）。メキシコに宇宙船建築なんて、「もしかしたら本当に宇宙人の基地かもしれないね…」。スタッフとそんな冗談を言いながら、私はその謎の建築のあるエリアへと向かった。

スペースシップ出現。
宇宙人の基地なのか？

　メキシコシティの中心部から車で走ること約1時間。バスケス・ド・ラス・ラモスという高級住宅街に着くと突如、目の前にそれは現れた。かなり高さのある急斜面にへばりつくように建てられたコンクリート製の一本の柱。その上に、宇宙船というよりは悪の秘密結社のアジトのような造形の四角い建物がのっている。もっと近くで見ようと、今度は車で急な坂道を住宅地の方へと上がっていくと、この建物のエントランスが見えてきた。まさに50年代アメリカのSF映画に出てくる〝スペースシップ〟のような外観デザイン。これを設計したのは、メキシコ人のアウグスティン・ヘルナンデスという建築家で、建物の完成は70年。以来、ここはずっと彼の建築事務所兼住居として使われているという。さっそく入り口で訪問の目的を告げると、快く中へと案内された。運のいいことにヘルナンデス自身も出かける予定を変更し、私のインタビューに応じてくれるという。

ダンディなメキシコ人
建築家が語る真実。

　彼の居住スペースの応接間でインタビューは始まった。シガーをくわえて現れた白髪の老建築家に、さっそくなぜこのような宇宙船のような建築をつくったのか聞いてみた。

「これはSF映画に出てくるようなカタチをしているが、宇宙船をつくろうと思ったわけではない。私がまだ建築家としてスタートして間もない頃、この誰も手を出さない急斜面

4

3

の土地に建物を建てようと考えていた。その時、偶然見つけたのが、メキシコ先住民の伝統的なツリーハウスだった。その構造と形態を見て私はひらめいた。これこそ解決方法だと」

彼はシガーをくゆらしながら続けた。

「外観デザインは単なる上辺のものに過ぎない。カタチ（form）と機能（fanction）が一致して初めて〝建築〟となるのだ。だから私はブラジル人建築家オスカー・ニーマイヤーと、日本の丹下健三を敬愛してやまない。それは彼らが、機能に従いつつも驚くべくさまざまなスタイルの建築を生み出すからだ。そうだ、そういえば丹下健三は、一度この私のオフィスに来てくれたことがある。70年代メキシコで建築の国際会議があり、それで彼はメキシコシティを訪れたのだ。今ではいい思い出だがね」

ヘルナンデスは、なんとも言えぬ威厳と風格を漂わせていた。それはまるで映画にでてくる〝スペースシップ〟の艦長のようで、インタビュー中何度も、どうしたらこうもダンディに年を重ねられるものか、と考えさせられてしまった。宇宙人の基地だなんてとんでもない。ルイス・バラガンを生んだこのラテンの国には、まだまだ知られざる才能を持った建築家がいたのだった。

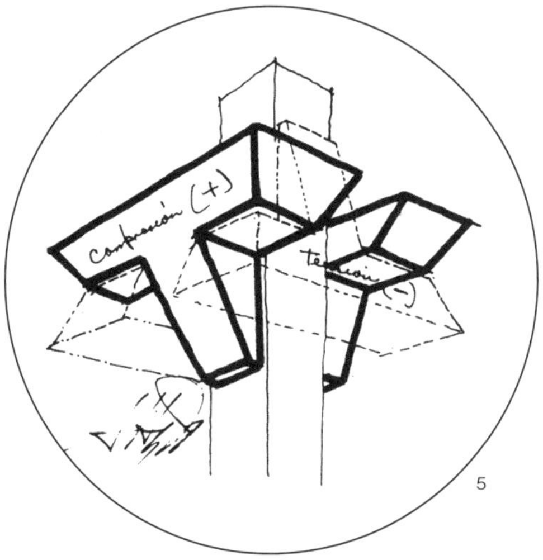

5

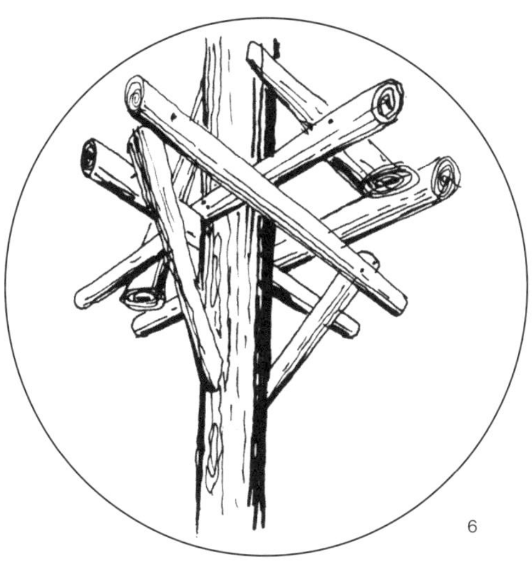

6

Augstin Hernandez Navaro

アウグスティン・ヘルナンデス・ナヴァロ

1924年、メキシコ・メキシコシティ生まれ。裕福な家庭に育つ。代表作に『大阪万博／メキシコ館』（70年）、『ヘロイク・ミリタリー・カレッジ』（76年）など。

TOUR TO THE GOETHEANUM

スイスの丘の「神秘の館」シュタイナーの本拠地へ。

バーゼルから南へ10km、ドルナッハの丘に建つ
＜第二ゲーテアヌム＞は、神秘主義思想家として
知られるルドルフ・シュタイナーの協会本拠地だ。
隠されたスイスの歴史とともに、この建築の謎に迫る。

シュタイナーの「人智学（アントロポゾフィー）協会」の本拠地に建つ＜第二ゲーテアヌム＞。ゲーテアヌムとは、ゲーテの館という意味。1924年にシュタイナーが設計。25年に着工し、シュタイナーの死後、28年に完成した。

2

3

ドルナッハには第二ゲーテアヌム以外にも、奇妙な協会関連施設がいくつもある。1.第一ゲーテアヌムを飾るステンドグラスの工房としてつくられた<グラスハウス>(1914年完成)の人面を思わせる奇怪なドア。2.<グラスハウス>は左右対称の平面プランで、両脇にドームがのっている。3.シュタイナーに、このドルナッハの土地を寄付したドクター・グロシェニッツのために建てられた<ダルデックハウス>(15年完成)。その形態はシュタイナーの発案によるもので、レンガとコンクリートでつくられた。現在この建物は、シュタイナーの著作などを管理する事務所として使われている。4.1915年に完成したヒーティングプラント<ハイツハウス>。この土地に建てられた最初のコンクリート造の建築だ。石炭(現在ではガス)を燃やした熱をゲーテアヌムに送り暖めていた。90年に改装、現在もプラントとして使用されている。奇妙な形態は、ドイツ表現主義建築の影響が見て取れる。

4

6

5

　スイスと聞いてまず日本人が想像するのは、『アルプスの少女ハイジ』に代表されるヤギの群れと、高くそびえる山脈とのどかな高原のイメージだろう。もしくは高級腕時計の数々や、リゾートでのスキーを想像する人もいるかもしれない。いや確かにそれは間違いではない。だが実際のスイスの姿はそんなクリーンで牧歌的印象とは違う、また別の顔も持っている…。ご存じ、スイス銀行の秘密口座で知られるよう、かつてはマネーロンダリングの温床として知られ、小国でありながら現在まで100年以上にわたり、「武装中立」を貫いている。また合成麻薬LSDを生んだ国でもある。麻薬常習者に注射針が無料提供されるのは有名な話で、ドラッグ政策に関し積極的、かつ寛容だとも言えるだろう。

　そのスイスの中にあって、特にバーゼルは特殊な場所である。アートや時計のフェアは世界一の規模とラグジュアリーさで知られ、ノバルティスやバイエラーといった世界屈指の製薬会社もこの街に本社を置いている。また建築の世界でも、プラダ青山や北京五輪のメインスタジアム〝鳥の巣〟の設計で知られるヘルツォーク&ド・ムーロンをはじめ、多くの秀逸な建築家を輩出している。なぜこの小都市バーゼルに、これほどまでスイスの知性や富が集まっているのだろうか。

知られざるバーゼルの秘密。

　話は中世にまでさかのぼらなければならない。ヨーロッパの暗黒時代とも呼ばれる当時、それはキリスト教会の絶対的権力が支配する時代であった。なかでも「時間」とは唯一絶対の神が司るものであり、時計の製造技術は教会の管理下にあった。製薬に関しても同様で、修道院などの教会施設内で厳重に管理され、製法などは門外不出だった。しかし、やがて教会内部の「時計」や「薬品」の技術を知る者の中には、教会と教義・信仰の上で対立する者も出てきた。また、当時盛んに行われた錬金術など、今でいう物理や化学に精通した者たちも、教会が独占する秘儀を知る者として徹底的に弾圧された。そんな教会からの迫害を逃れ、異端のレッテルを貼られた者たちが落ち延びてきたのがこのスイスの山麓なのである。現在、なぜこんな小さなバーゼルの町が時計フェアで有名なのか、製薬会社が本拠を構えるのか、その理由がおわかりになるだろう。この地域はヨーロッパの中にあって異端の烙印を押された者たちの安息の地であり、それゆえ「隠された知」の集積地となったのである。

神秘的な建築はなぜ生まれたのか。

　前置きが長くなったが、ここからが話の本題、ルドルフ・シュタイナーの〈第二ゲーテアヌム〉である。シュタイナーと言えば、美容愛好家の間ではオーガニックコスメの話題として、また小さな子どもを持つ奥さま方の間では一風変わったシュタイナー教育の学校として語られることが多い。が、それは彼の思想を語る上でほんの一部でしかないだろう。

　シュタイナーの本拠地〈第二ゲーテアヌム〉のある町ドルナッハは、バーゼルから電車で20分のところにある

5.<第二ゲーテアヌム>の内部にある劇場へと続く階段。神秘的な雰囲気が漂う。6.建物内部、正面2階にある階段ホール。彫塑的な造形は内部空間にも見られる。7.神秘劇が演じられる劇場。シュタイナーの死後、彼のスケッチを元につくられた。8.階段ホール。建物の完成は1928年。日本でいうと同潤会アパートと同時期の作だ。

静かな町だ。ルドルフ・シュタナーがドイツからこの地にやってきたのは1913年。その前年、シュタイナーは神秘的思想を教義とした結社「人智学（アントロポゾフィー）協会」を設立し、神秘劇を演じるための施設をドイツ国内に計画していた。だが、そのオカルト主義的傾向が警戒されたのか、当局の建設許可が下りず断念。最終的にスイスの人智学協会員からの土地提供により、20年、このドルナッハに最初のゲーテアヌムが完成した。結局シュタイナーも異端の烙印を押され、このスイスにやってきた。

しかし最初のゲーテアヌム〈通称：第一ゲーテアヌム〉は完成から2年後の22年の大晦日、人智学協会の反対者により放火され全焼、灰となった。その後建てられたのが、今回取り上げる〈第二ゲーテアヌム〉である。最初のゲーテアヌムは木造だったが、今度のものはコンクリート造だった。シュタイナーはその制作に並々ならぬ意欲を見せ、三日三晩アトリエに籠り、立体モデルを粘土で作ることに熱中したという。シュタイナーはこの建物を外観からつくり始めた。謎めいたこの建築のフォルムは、このドルナッハの町があるスイス・ジュラ地方の地形や風景と関係しているという。

だが残念なことに、シュタイナーは〈第二ゲーテアヌム〉の完成を見ることなくこの世を去った。建物の完成は彼の死の3年後だった。しかし、この建築には彼の神秘主義思想が息づいている。形態、色彩…。例えシュタイナーのことをよく知らなくても「ここに何かがある」のは感じ取ることができるだろう。機会があればぜひここを訪れてみてほしい。きっとスイスの隠された、また別の知の体系に出合えるはずだ。

Rudolf Steiner

ルドルフ・シュタイナー

1861年、当時のオーストリア=ハンガリー帝国（現在でいう旧ユーゴスラヴィア）に生まれる。20代でゲーテ研究者として知られたが、1902年、神秘思想結社「神智学協会」に入会。12年、方向性の違いにより脱退、自ら「人智学（アントロポゾフィー）協会」を設立。25年、64歳でこの世を去る。

Second Goetheanum

第二ゲーテアヌム

1928年完成。当時最大級の鉄筋コンクリート造の建築。人智学協会の中心的施設で、神秘劇やオイリュトミーと呼ばれる独自の舞踏上演のために建設された。シュタイナー自身ここを「精神のための自由大学」と呼び、現在もさまざまな活動の拠点となっている。一般の人でも自由に訪れることができる。

CUBA THEN AND NOW

カストロのつくった楽園を目指せ。

キューバの最高指導者フィデル・カストロの緊急入院から 10 カ月。
いまだ彼の安否は不明のままだ。キューバは今後、どう変貌するのか？
彼がつくりあげたカリブに浮かぶ「理想郷」を訪ねてみた。

＊この記事は 2007 年 3 月の取材をもとに書かれたものです。

革命広場に立つ「ホセ・マルティ記念館」。詩人だったホセ・マルティはスペインからの独立を指導したキューバの英雄だ。彼の功績を称えるこの記念塔の上には、観光客も上ることができる。右ページ／いわゆる大使館にあたる「アメリカ利益代表部」の視界を遮るように立てられた巨大な旗。

上／ハバナ旧市街で遭遇した結婚式。左ページ／地元ハバナで最も愛されているのが〈ヘラデリア・コッペリア(Heladeria Coppelia)〉と呼ばれるアイスクリーム屋。ここは、女性革命家にしてフィデル・カストロの秘書を務めたセリア・サンチェスの「キューバの人々においしいアイスクリームを食べさせたい」との希望により、1966年建築家マリオ・ジローナ(Mario Girona)により作られた。ここではキューバ人が優遇され建物内の席でアイスクリームを食べられるが、観光客は外国人レートの高値でも外のテラスでしか食べることができない。

現在はロシア大使館となっている〈旧ソビエト連邦大使館ビル〉。
太陽が照りつける青空の下、シンメトリーで彫塑的なデザインはどこか威圧的で、ハバナ市内でも一際目を引く。ソビエト連邦は、強くかつ美しい理想的な社会主義国家建設のビジョンを示すため、その象徴としてモダニズム建築を用いたが、この建物もある種、それを体現するものといえるだろう。

キューバ革命の後、革命軍の総司令部が置かれたホテル「ハバナ・ヒルトン」は、現在ではハバナに自由を!という意味の「ハバナ・リブレ」という名称に変わっている。キューバの自由の象徴でもあるそのホテル最上階から、ハバナ市内を眺める。手前に見える円形の建物は市民に愛されるアイスクリーム屋〈ヘラデリア・コッペリア〉だ。すぐ奥には青いカリブ海が見える。

1950年代の丹下健三の建築から多大な影響を受けたといわれる〈科学省CNIC（Centro Nacional de Investigaciones Cientificas）〉のビル。キューバ人建築家チームにより、革命後の65年に設計された。科学の発展により新たな未来を築こうとするカストロ政権の夢を具現化した、世界に類を見ないキューバ・モダニズム建築の傑作だ。

有機的で美しいカーブを描く天井が特徴的なビーチハウス。それがハバナの海辺に建つ〈クラブ・ナウティコ（Club Nautico）〉だ。ハバナで最も有名なキャバレー「トロピカーナ」の設計で知られるキューバ人建築家マックス・ボルヘ・レチオ（Max Borges Recio）により、革命前の1953年に建てられた。現在は労働組合の保養施設として使われている。

1. キャバレーで踊る褐色の肌のダンサー。2. 道路脇に立つチェ・ゲバラの看板。3. キューバはバレエが盛んで世界的ダンサーを数多く輩出している。4. 革命広場で演説する若き日のフィデル・カストロ。5. ハバナには「トロピカーナ」など数軒のキャバレーがあり、観光客を楽しませている。6. 街角に誰が書いたか、フィデル・カストロを称える落書きがあった。

ハバナのホセ・マルティ国際空港から一歩外へ出ると、熱帯の強い日差しと排気ガスのにおいで、軽く目眩がした。成田からLA、メキシコシティを経由して20時間あまり。街の空気を吸ってようやくここへ辿り着いた実感が湧いてきた。思えば2年前の夏、キューバ葉巻の輸入を手広くやっているシンガポールに住む華僑の友人が、私にこんな話をしてくれた。

「ヨシ、おまえキューバに行ったことないのか？ それはまずい。キューバは最高だ。美しいビーチが広がり、治安もいい。女はダンスが上手で美人ばかり。酒もシガーもうまい。おまけにそれがすごい安い値段で楽しめるんだ。でも行くなら早いほうがいい。だってカストロが死んだら何もかもが変わっちまうからな。彼はもうすぐ80歳だ。彼が死んで、もし体制が変わるようなことがあれば、キューバの鎖国が解かれて西側の資本が本格的に入ってくる。そしたらきっと物価もあがるだろうし、人もすれちまう。今の古き良きキューバの姿は確実に消えちまうよ」

そしてそのXデーが現実のこととなりつつあった。２００６年7月、キューバのカリスマ的最高指導者、フィデル・カストロが手術のため緊急入院したのだ。その後10月に、反米で知られるベネズエラのチャベス大統領と弟のラウル・カストロ（当時このラウルが暫定的にキューバの最高指導者となっていた）が、ベッドの上のカストロと談笑する写真が公表されたが、それ以降、彼は公の場に姿を見せていない。カストロが今本当に生きているかさえも謎のままだ。私はキューバ行きを決めた。そして07年3月、ついにキューバの土を踏んだのだ。

カストロとは、どんな人物なのか。

フィデル・カストロ・ルス。キューバの最高指導者。１９２６年生まれ。彼は、スペイン移民で農場を経営する裕福な家庭に生まれ、19歳でハバナ大学法学部へ進学。50年に大学を出ると弁護士となった。しかしキューバを取り巻く社会状況は、他のラテンアメリカ諸国と同様、散々なものだった。20年にスペインから独立したものの、独立とは名ばかりでアメリカの植民地そのものだった。製糖産業をはじめとした経済の実権はアメリカ企業が牛耳っていた。アメリカン・マフィアはこの国で堂々とカジノを経営し、アメリカ本土からは酒と女を求め観光客が押し寄せていた。そんな享楽的な世界がある一方、キューバ人の生活は極端に貧しかった。失業率は慢性的に25%を超え、識字率も極端に低く、上下水道も整備されない不衛生的な場所での生活を強いられていた。もちろん人々の不満は爆発寸前だったが、アメリカの傀《かい》儡《らい》であるバチスタ政権の弾圧で、民衆の声は抑えつけられていた。反対

11

9

7

12

10

8

7. 革命軍の総司令部が置かれたホテル「ハバナ・ヒルトン（現ハバナ・リブレ）」の2000号室。8. ハバナ・リブレ外観。9. レーニン公園のレーニン像。10. 英雄ゲバラは様々な場所に描かれている。11.「26-7」はカストロのモンカダ兵営襲撃日（7月26日）を指す。12. カストロは法律で自らの銅像などつくることを禁じたが、市民は勝手に肖像画を描く。

するものは容赦なく殺された。

そんな社会状況の中、立ち上がったのがカストロだった。53年7月26日、フィデル・カストロ率いる約200人の若者がモンカダ兵営を襲撃した。しかし多数の死者を出し、作戦は失敗。カストロ自身も捕まってしまう。カストロは裁判にかけられた。弁護士であるカストロは自分自身で弁論を行い「歴史は私に無罪を宣告するであろう」と言い放つ。襲撃は不発に終わったが、結果、キューバの民衆には打倒バチスタを叫ぶこのカストロの「7・26運動」が胸に刻まれることとなった。裁判後、民衆の声に押された形でバチスタはカストロに恩赦を与え、1年半後に釈放する。その4年後に自分がこのひとりの青年に倒されるとも知らずに…。

釈放されたカストロはメキシコへ渡り、態勢を立て直すと武器を取り、ヨット「グランマ号」に乗って再びキューバへと向かった。総勢82名。このなかには後に革命軍を指揮するアルゼンチン人医師エルネスト・チェ・ゲバラもいた。カストロ30歳、ゲバラ28歳。他のメンバーも全員30歳前後の若者だった。しかしこのカストロの動きは察知されていた。カストロたちはバチスタ軍の待ち伏せ攻撃に遭い、部隊はシエラ・マエストラ山脈に敗走する。この攻撃で多くの仲間を失い、山岳部へ逃げ込んだのはわずか12名だった。

が、ここからカストロの反撃は始まった。シエラ・マエストラを拠点に2年にわたりゲリラ戦を展開。アメリカの支援を受けるバチスタ軍を次々と撃破していった。そしてついにその日はやってきた。59年1月1日。新年を祝うパーティに紛れ、独裁者バチスタは大統領専用機で隣国のドミニカへと逃げ出し、独裁政権は崩壊、キューバ革命は成功したのだ。

1959年「楽園」の建設始まる。

ここからカストロやゲバラによる「楽園」建設が始まった。特筆すべきなのは「教育」と「医療」の無料化だ。現在、キューバの識字率はアメリカより高く、乳幼児死亡率はアメリカより低い。カリブ海に浮かぶ小国は、日本やヨーロッパの先進国並みの驚くべき数字をはじきだしている。

教育に関していえば、キューバでは初等教育から大学まで、学費はすべて無料だ。新たな国を建設するに当たって「教育」は重要な要素のひとつと言える。しかし、知識を与えることが自分たちにとって好ましくないと考える指導者は少なくない。実際、75年にカンボジアで誕生したポル・ポトによる社会主義政権は、徹底的に知識階層の抹殺を行った。学校は廃止され、中学校を出ているだけで「知識人」と見なされ抹殺の対象になった。海外へ留学していた者は「新しい国をつくるため」と呼び戻され、空港からそのまま連行され処刑

13. 岸壁から海に飛び込み遊ぶ少年たち。14. ハバナ中心部。茶色の建物は放送局。
15. 帆揚げをして遊ぶ黒人と白人の少年。キューバでは人種に対する偏見はほとんど無い。
16. ハバナでは50年代のアメ車が多く走る。17. 1930年開業の「ホテル・ナシオナル」。
ハバナで最も格式あるホテル。18. 白人が黒人の髪を切る。キューバならではの風景だ。

された。しかしバチスタを倒したカストロは、ポル・ポトのような愚行を犯さず、哲人としてふるまった。

もうひとつ、楽園の建設に無くてはならなかった政策が、アメリカが所有していた農地65万ヘクタールとアメリカ企業26社の国有化だった。キューバにとって、半世紀にわたるこの大国の搾取はもうこりごりだった。しかしこれは今も続く、アメリカ・キューバ間の関係を決定的にこじらせる要因ともなった。自らの権益が失われることに怒ったアメリカはキューバに対し徹底的な経済封鎖を行い、61年のピックス湾事件に代表される武力によるカストロ政権転覆を企てた。しかし、カストロはこれに屈することはなかった。数々のカストロ暗殺が計画されたが、こちらもすべて失敗に終わった。そしてそれが不死身のカリスマというイメージを増幅させ、フィデル・カストロの伝説をつくりあげた。

キューバとアメリカ、一体どちらが幸せなのだろう?

タクシーに乗りながら、熱帯の太陽の下、笑顔でマレコン通りを行く人々を眺めながら、「アメリカとキューバどちらで暮らすのが幸せなのだろうか」と考えていた。その時、ふと思い出したのは、キューバへの途中、トランジットで立ち寄ったLAでの出来事だった。

私はハリウッド近郊でショッピングを楽しんだ後、お目当てのレストランでランチをしようと思い、買い物をした店を出た。地図を見ると4ブロックしか離れていない。距離にして1キロほどだろうか。お天気もいいし僕は迷わず歩き出した。しかし2ブロック歩いたところで引き返さざるを得なかった。結局レストランへはタクシーで向かった。そこは歩けたものじゃなかった。とにかく治安が悪いのだ。賑やかな場所でも通りをちょっと隔てれば、路上生活者が寝転び、小銭を要求してくる。それが世界一のGDPを誇り豊かだといわれるアメリカの実情だった。持つ者と持たざる者との格差は開くばかりで、医療体制ひとつとっても、医療費の高騰で診療さえ満足に受けられない層が拡大している。

一方のキューバは、経済的に決して豊かとはいえないが医療費はすべて無料で、老後のいらぬ心配をせずに人生を楽しめる。治安も他の中南米諸国に比べたら楽園そのもので、私の暮らす東京と同じか、それ以上に安全だ。凶悪犯罪なんて皆無に等しい。

キューバはどこへ向かうのか?

キューバ滞在の最終日、私は今回の取材を手伝ってくれた地元コーディネーターのエンリケと、ハバナの旧市街を歩いた。エンリケは革命後の教育を受けて育った50歳代半ばの、

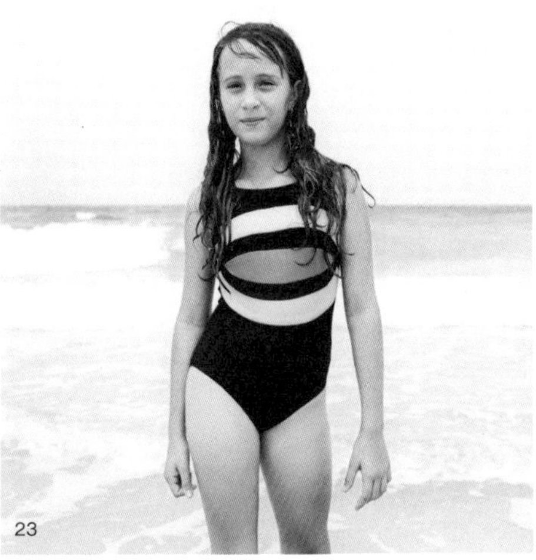
23

21

19

24

22

20

19. トロピカルな雰囲気の〈高等技術学校〉の校舎。20. キューバのモダニズム建築の傑作、1965年に完成した科学省CNICのビル。21. ハバナを走る通称「らくだバス」。22. 街で大人になったことを祝う少女たち。キューバでの成人は16歳だ。23. ハバナ郊外のビーチで見かけた少女。24. 観光客の貴重な足である乗り物、通称「ココ・タクシー」。

スペイン系白人キューバ人で、小柄だが年齢のわりに深い皺が顔に刻まれ、目つきも鋭く迫力がある。日本への来日経験もあり日本語もペラペラだ。01年に橋本龍太郎元首相が、ペルー日本大使館人質事件のお礼をカストロへ伝えにキューバを訪れた際（カストロはこの事件に際しゲリラ側の身元引き受けを申し出てくれた）、カストロと首相の通訳も務めた人物だ。余談だが、エンリケ率いる草野球チームには、当時カストロ政権の若き50歳代の閣僚だった、実質的に経済政策を取り仕切る国家評議会副議長のカルロス・ラヘも所属していた。彼がラヘ副議長からこの取材の直前に聞いた話では、カストロの病状は回復に向かっていて元気だということだった。

旧市街のあたりは、スペイン統治時代の古い街角がそのまま残り、まるで映画セットのような。ここは82年に世界遺産にも登録されている。ビデオを撮る欧米の観光客で賑わっているが、それも悪くない。みんなこの場所にいるのを心から楽しんでいるようだ。

私はエンリケに今回の取材のお礼を伝えると共に、これからキューバのことについて正直なところを聞いてみた。カストロが死んだらキューバはどうなるのか。中国やベトナムのように社会主義体制を維持しながらも開放路線を取るのか、それとも現状の体制を維持していくのか…。エンリケは迷いなく答えた。

「私は現状の体制を維持すべきだと思う。もちろん、今のキューバは天国ではないし、変わっていかなくてはならない部分もある。仮にもし開放路線を取るとしたら、何十年もかけゆっくりと行わなくてはだめだ。でないとソ連の時のように、格差は広がり良き価値観は崩れ、強い者が弱い者を搾取するカストロ以前の時代に逆戻りしてしまう」――。

たった一人のカリスマ的指導者の、この地球上にユートピアを出現させようとする壮大な実験は今も続いている。「カリブの真珠」といわれるこの美しい島で…。カストロによる愛と革命に、当分終わりはなさそうだ。

*この記事は2007年3月の取材を元に書かれたものです。その後、フィデル・カストロの病状は回復せず、08年2月国家評議会議長を退任。後継には弟のラウル・カストロが就任しました。フィデル・カストロは第一線を退いた後も議会で演説を行ったりと公の場に姿を見せ、16年8月にはキューバを公式訪問した安倍晋三首相（当時）とも会談しています。しかしその同年11月25日、90歳で逝去しました。その後、弟ラウルも18年4月に国家評議会議長を退任。現在キューバは「革命未体験世代」の指導者が誕生し、新たな時代へと突入しています。

ハバナの街に建つ〈ハバナ・リビエラ〉をプールサイドから望む。ホテルのオープンは1957年。ペパーミントグリーンに彩られたモダンな外観はキューバの青空に映え、宿泊客のリゾート気分を高めてくれる。

HOTEL HABANA RIVIERA

キューバにたたずむ 50's デザイン・ホテルへ。

キューバの首都ハバナに建つ〈ハバナ・リビエラ〉は、
ラスベガス・スタイルのホテルとして50年代に誕生した。
カリブの青空のもと「キューバ・モダン」とでもいうべき
独自のデザインで異彩を放つこのホテルの魅力を探る。

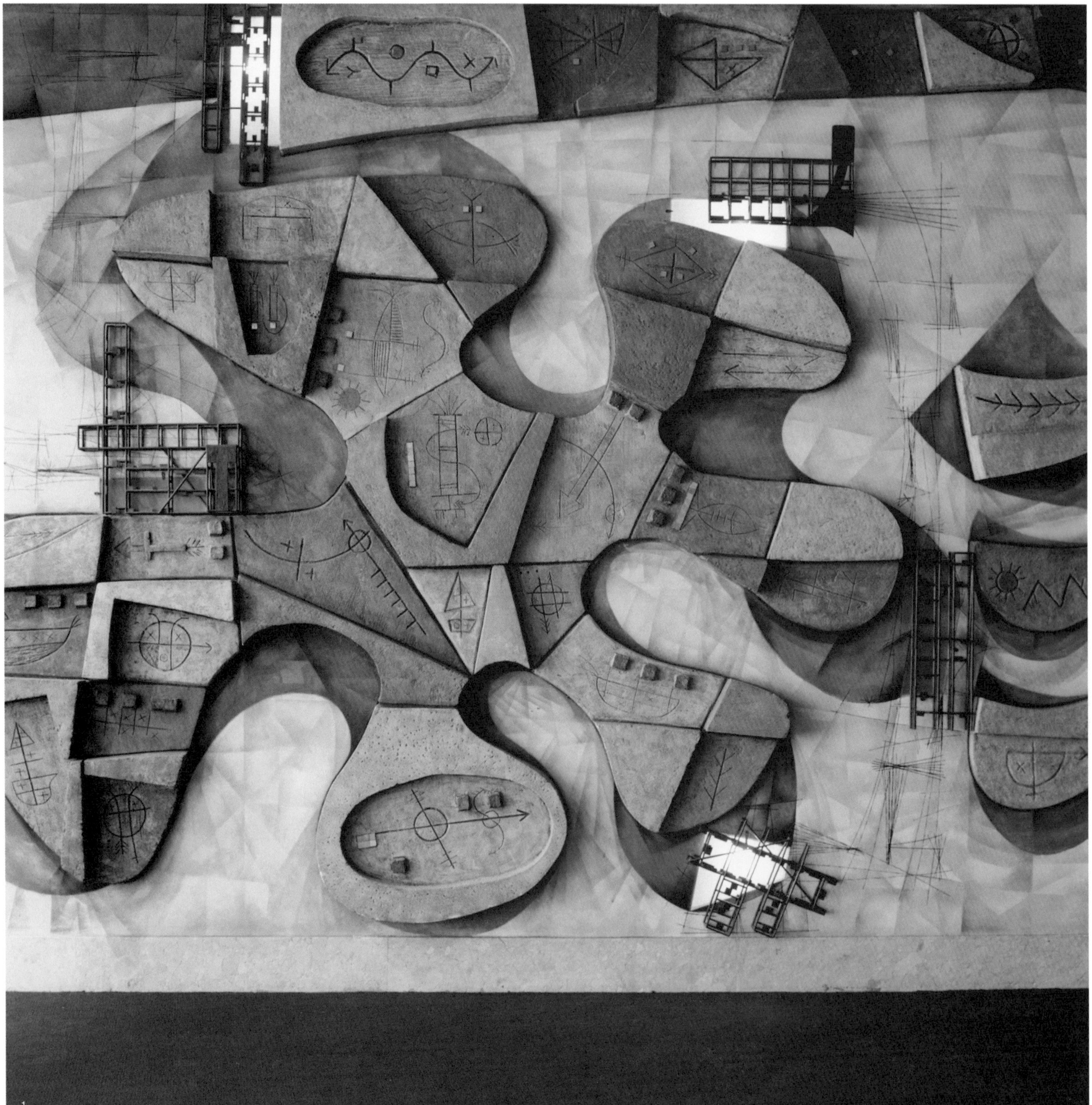
1

3

2

4

〈ハバナ・リビエラ〉の見どころは、随所にちりばめられたキューバ人アーティストによる壁画や彫刻作品。1957年のホテルオープン以来そのまま残り、華やかな往時を偲ばせる。1. かつてのカジノホールの前には、ロランド・ロペス・ディルブ(Rolando Lopez Dirube)の壁画作品がある。2. エントランスにある噴水。キューバ人彫刻家フロレンシオ・ゲラベルト(Florencio Gelabert)の作品が置かれている。3. ロビーに飾られたF・ゲラベルトの彫刻作品。4. 裏の通りの壁面には、F・L・ライトの20年代の住宅に見られるコンクリートブロックに装飾を施した「テキスタイル・ブロック」が使用されている。

6

5

私はキューバへ向かう飛行機の中で、一冊の本を読んでいた。それは『カストロが愛した女スパイ』（布施泰和著・成甲書房）というタイトルのノンフィクションで、そこには東西冷戦の最中、アメリカの陰謀に翻弄されるドイツ人女性マリタ・ロレンツの激動の人生が描かれていた。キューバ革命直後、フィデル・カストロの愛人として彼の子供を身ごもり、その後、今度はCIAの女刺客としてカストロ暗殺に送り込まれる…。彼女が1978年の米下院ケネディ暗殺調査特別委員会で証言した内容は実にショッキングなのだが（詳しくはこの本をぜひ読んで欲しい）、その証言の冒頭に、ここで紹介するホテル〈ハバナ・リビエラ〉が登場する。

それはマリタ・ロレンツが59年、カストロの秘書としてこのホテルにあったカジノの摘発に同行した時のことだ。カストロの弟ラウルの指示で、部下がスロットマシーンを押収し、ルーレットが使えないようテーブルを横倒しするシーンが描かれている。カストロは、政権樹立後すぐにアメリカン・マフィアの一掃を試みた。本の中でこのホテルが悪の巣窟として象徴的に登場しているのが興味深い。というのも、このホテルは当時、マフィアが経営するハバナで一番豪華な宿泊施設として知られていたからだ。

マフィア経営の豪華ホテル。

そもそもこのホテルの設計は当初、アメリカを代表する建築家フィリップ・ジョンソンに依頼された。フィリップ・ジョンソンはMoMA（ニューヨーク近代美術館）創設のメンバーで、アメリカの建築・アート界に長年睨みを利かせてきた重鎮だ（2005年に98歳で逝去）。そのジョンソンが50年代にこのホテル設計の打ち合わせため、ハバナを訪れる。しかし、マフィア側のさまざまな要求に嫌気がさし、結局はこの仕事から降りてしまう。最終的な設計は、マイアミに事務所を構える建築家ボレヴィッキー・ジョンソンに依頼され、バチスタ政権が独裁をふるう57年、マフィアの牙城として華々しくオープンした。

首都ハバナの新市街にそびえる〈ハバナ・リビエラ〉はオープンから60年以上が経つ。その間、経営はマフィアから国営に変わり、カジノもなくなった。そのかわりにロビーには観光客向けのツアーデスクが並び、予約の客で賑わっている。05年キューバを襲った巨大ハリケーンでロビーは天井まで海水につかり、海辺に建つこのホテルは大打撃を被ったそうだが、今では修復され、何事もなかったかのように営業を続けている。

しかし今回、このホテルに実際泊

8

7

まってみて愕然とした。送られてきたはずのＦＡＸはホテル自体に届かず、レストランやカフェのサービスはお世辞にも一流とは言えない内容だった。極めつけはエレベーターで、３基あるエレベーターのうち2基はずっと停止したままで、動いているのは1基のみ。朝食を食べようとエレベーターに乗ろうとしても、私が泊まった20階（かつてはスイートルームが3部屋しかない最上階の特別フロアだった）から地下のカフェへ行くのに、10分以上かかってしまう。

コロニアル風外観で知られる「ホテル・ナシオナル」と、革命軍の司令部が置かれた「ハバナ・ヒルトン（現ハバナ・リブレ）」と並び、50年代はハバナを代表する豪華ホテルと言われた〈ハバナ・リビエラ〉。だが残念なことに今は最上級ホテルとしての魅力は失われてしまった。しかし、こと建築・デザイン的価値からすると、ここが突出した存在であることに変わりはない。アールデコでもマイアミデコでもない「キューバ・モダン」とでも言うべき独自のスタイルで異彩を放ち、その輝きは60年たった今でも決して失われていない。

5. ホテルロビーから地下のカフェテリアへと続く螺旋階段。キューバ人アーティスト、ロランド・ロペス・ティルブ（Rolando Lopez Dirube）のプリミティブな雰囲気のオブジェと一体になっている。6. ロビー階にあるメインダイニング「L' Aiglon」のインテリア。7. シンプルなデザインのレセプションデスク。壁にはジョージ・ネルソン風の時計が飾られている。8. ロビーから地下のショッピングモールへと続く、モダンな雰囲気の階段。地下には明るい自然光が降り注ぐ。

Habana Riviera

ハバナ・リビエラ

1957年完成。設計は一度フィリップ・ジョンソンに依頼されたが実現せず、アメリカ人建築家ボレヴィツキー・ジョンソンに依頼された。キューバが観光地として栄えていたキューバ革命前にオープンしたホテルで、当時の彫刻や壁画作品が多数残っていて、見どころ満載だ。ハバナの新市街に建ち、プール、キャバレー、バー、レストランを併設する全352室の大型ホテル。

MODERN ARCHITECTURE IN CUBA

魅惑のキューバ・モダニズム建築。

1959年のキューバ革命から60年が過ぎた。
世界中の視線がこの国の行方に注がれているが、
革命時からつくられ、キューバ独自に発展してきた
貴重なモダニズム建築は今後どうなるのだろうか?

ハバナ新市街の中心、革命広場に面して建つ内務省ビル。1953年に建築家アキレス・カパブランカの設計で建てられた。建物自体はル・コルビュジエの影響が見て取れるが、壁面にはキューバ産の石灰岩が使われるなど、この国の独自性もみられる。当初、建物正面の壁面にチェ・ゲバラの顔は無かったが、キューバ革命後に取り付けられた。

ハバナ市内から車で30分ほど行ったところにある、巨大なレーニン公園内にあるレストラン〈ラス・ルイナス〉。もともとは18世紀につくられた砂糖の精製工場跡地を、1971年、建築家ホアキン・ガルバンがレストランにコンバージョンした。崩れかけた石積みの壁と、工場でつくられたコンクリート部材というモダニズムとの、新旧の素材対比が面白い。半屋外的なレストラン空間は食事の場所としても申し分なく、良質なキューバ・モダンな空間といえる。

ハバナでも人気のスポット、市の中心部にあるアイスクリーム屋〈ヘラデリア・コッペリア〉。フィデル・カストロの個人秘書セリア・サンチェスの考案により、建築家マリオ・ジローナの設計で1966年に完成した。巨大な円形の建物のグランドフロアはカウンターが並ぶ半屋外的な空間で、階段を上るとこの写真の屋内空間となる。安価な値段で、しかもこんな素敵な空間でアイスクリームを食べられるとは、ある意味でキューバ人は幸せかもしれない。

2

1

2009年の話だが、『トラフィック』でアカデミー監督賞を受賞したスティーブン・ソダーバーグ監督の映画『チェ 28歳の革命』と『チェ 39歳別れの手紙』が日本で同時公開された。ご存じ、キューバ革命を勝利に導いた英雄チェ・ゲバラをベニチオ・デル・トロが演じ、愛と理想に生きたひとりの男の姿が生き生きと描かれている。でもなぜこの時、ゲバラの映画が公開されたのだろうか？　それはキューバ革命から50年という記念すべき年だったからだ。

知られざるキューバの歴史。

キューバの歴史は1492年、コロンブスがこの島を発見したことから始まる。それから約400年間〝カリブの真珠〟と呼ばれるこの美しい島はスペインの植民地だった。1902年、独立運動を経てキューバは独立する。しかし、実質的には米西戦争（1898年勃発）でスペインに勝利したアメリカの統治下にあった。それでも52年の軍事クーデターで誕生したバチスタ政権よりはマシだったかもしれない。バチスタ軍曹はアメリカ傀儡《かいらい》の独裁者で、民衆の困窮ぶりはさらにひどくなり、しかも政権に反対する者たちは容赦なく弾圧された。

そんな状況を見て立ち上がったのが、フィデル・カストロだった。53年、カストロは仲間たちと共にモンカダ兵営を襲撃。残念ながらそれは失敗に終わるが、メキシコへ亡命した後、体制を整えると再びキューバに上陸した。この時にチェ・ゲバラも加わり、ゲリラ戦を展開。バチスタが隣国ドミニカに逃亡し、59年1月1日、ついに革命は成功した。革命までの詳しい道のりはぜひこれらの映画を観て欲しい。

カストロによる「革命建築」の誕生。

革命後の新しい理想国家建設に「建築」は重要な役割を持っていた。民衆のための住宅やレクリエーション施設、またカストロが特に力を入れた教育の分野、研究機関や学校などの建設が急務となっていた。そして、何より新しい政府の理想を具現化する、力強くも美しい建築が求められた。

キューバの首都ハバナは大きく分けて2つのエリアがある。旧市街と新市街と呼ばれるエリアで、映画『ブエナ・ビスタ・ソシアル・クラブ』に出てくる古き良き町並みは、旧市街だ。16〜19世紀のコロニアル建築が立ち並び、観光客で賑わっている。世界遺産にも登録されたラ・アバーナ・ビユハ地区がこれに当たる。一方の新市街と呼ばれる地域は、20世紀以降に建てられた建物がその大半を占め、現在の政治経済の中心となっている。ここで紹介する「キューバ・モダン」＝革命の理想を具現化したものに代表される、この国独自のモダニズム建築、はここにある。それでは、その中で特徴的なものをいくつか挙げてみよう。

まずは、ハバナ中心部にあるオープンエアのアイスクリーム屋〈ヘラデリア・コッペリア〉。キューバ・メキシコ・スペイン合作の映画『苺とチョコレート』にも登場するここは、カストロを革命時から支え、個人秘書として知られる女性、セリア・サンチェスによって考案された施設だ。2つの円形の建物を斜め横に張り出した12本のコンクリートの柱が支える構造なのだが、残念ながら特等席である建物の中でアイスクリ

1. ハバナの旧市街から海底トンネルを抜けた先にあるパストリータと呼ばれる住宅のひとつ。革命後の政策により、このような団地がキューバ各地に建設された。2. 建築家リカルド・ポッロ設計の<国立芸術学校>。1966年から始まり現在も増築工事が続いている。3. 中庭に面したレンガ造の<国立芸術学校>の回廊。4. 建築家エミリオ・カストロ設計のスタジアム。1991年開催のパン・アメリカン大会のために建設された。

ームを食べられるのはキューバ人だけ。どんなに観光客がお金を払おうと、中の席には座らせてもらえない。経済的に裕福でないキューバの事情を考えれば、外国人に席を譲り、外貨を稼げばよいと思うのだが、革命の理想から生まれた国民向け施設のため、キューバ人のみがそこを利用できるというわけだ。

　また、ハバナの郊外には、何万世帯分もの大規模な団地がある。3階建ての小規模なものから、10階を超える高層棟まで、さまざまなタイプがあるが、このような団地がカストロ政権により、キューバ各地に建てられた。

　キューバ生まれのイタリア人建築家リカルド・ポッロによる〈国立芸術学校〉（66年〜現在も拡張中）にも触れておこう。これは欧米の建築関係者の間では伝説となっている建築で、レンガ造のドーム型教室が並び、平面プランは人型をしている（上空から見ると、人間の形に建物が並んでいる！）。

　カストロたちが理想に燃え、成功させた革命だったが、財産没収や粛清を恐れ、裕福な知識階層に属する人々の多くはキューバから脱出した。建築家も例外ではなく、9割ほどは国外へと去っていったという。技術者が不足する、そんなギリギリの状態で理想を形にしていったキューバのモダニズム建築は今後どうなっていくのだろう。ついにカストロも16年に没した。18年には「キューバ革命未体験世代」のミゲル・ディアス＝カネルに、ラウル・カストロから最高指導者のバトンが渡された。今後この国が、一気に開放路線に転じれば、外国資本が流入し開発が行われ、貴重な建築が失われることもあるだろう。今後の政治動向と共に、「キューバ・モダン」の行く末からも目が離せない。

上／シガーを手にしたチェ・ゲバラ。ゲバラは1928年、アルゼンチン生まれ。アルゼンチン大学で医学を学ぶが、卒業後の南米放浪旅行で革命を志す。55年、メキシコで亡命中のカストロと出会い、ゲリラ闘争へ参加。キューバ革命時は30歳という若さだった。下／キューバ革命の中心的人物3人の貴重なショット。左がフィデル・カストロ、中央がカストロの弟でカストロの後継としてキューバの国家評議会議長になったラウル・カストロ。右がゲバラだ。

CAPSULE HOUSE K²

黒川紀章のカプセル建築。

軽井沢にたたずむこの建築は一体、何だろうか？
1970 年代初頭の日本で、建築家・黒川紀章により
実現した2つのカプセル建築の実態に迫る。

軽井沢の別荘地の急斜面に建つ、黒川紀章設計の〈カプセルハウスK〉。1973年、黒川が自らの別荘としてつくったカプセル建築だ。基壇はコンクリート造、上にのった黒いカプセル部分は、コールテン鋼といわれる鉄の素材を使い仕上げられている。

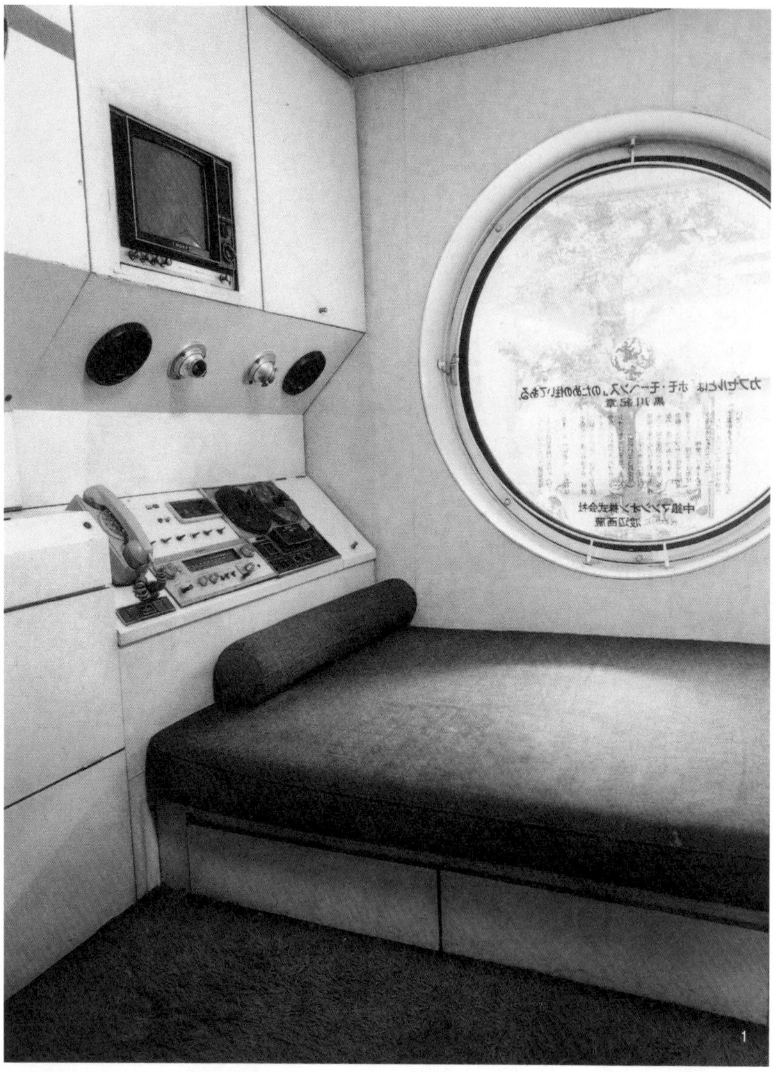

1

3

写真提供／黒川紀章建築都市設計事務所

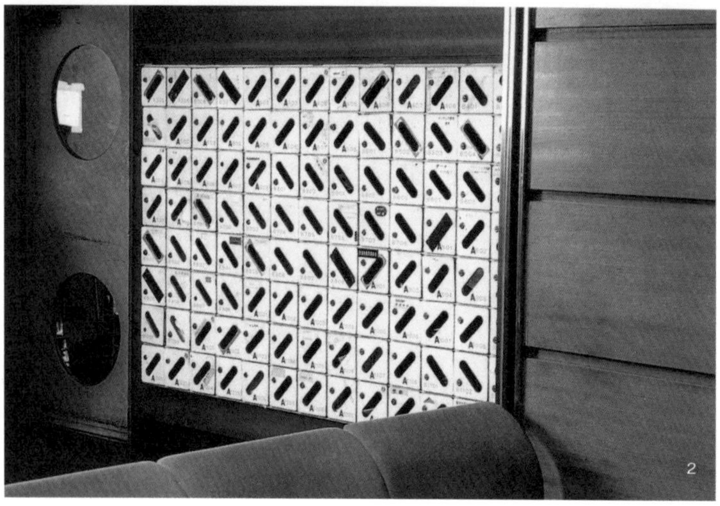

2

Nakagin Capsule Tower (1972)

中銀カプセルタワー

黒川紀章設計。1972年竣工。銀座に建つ集合住宅。カプセルの数は140個で、各カプセルが独立した住戸になっている。1カプセル=10㎡。建物自体はA棟とB棟からなるツインタワーで、3ケ所がブリッジで接続されている。A棟は13階建て、B棟は11階建て。

1. 中銀カプセルタワー1階玄関脇に設けられたモデルルームのインテリア。テレビやオーディオ、電話など、当時考えられた最新の機器が備え付けられている。2. カプセルタワー1階ロビーのメイル・ボックス。3. 中銀カプセルタワー建築当時の写真。施工は大成建設。コアと呼ばれる、いわゆる支柱のような幹の部分に、カプセルを取り付けている。4. 東京・汐留近くに建つ、中銀カプセルタワー外観。カプセル取り替えを含む大規模修繕が提案されたこともあったが、ぜひ実現してほしいものだ。

4

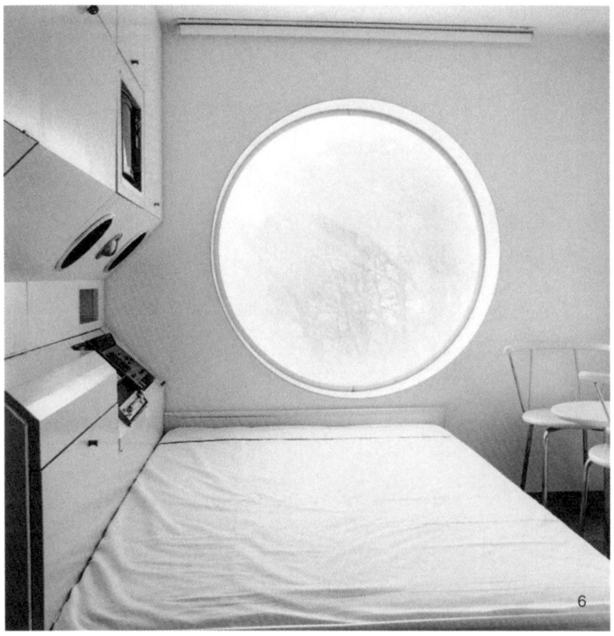

5. 茶室カプセル。炉が切ってあり茶会を楽しむこともできる。4畳半だが畳のサイズはカプセルに合わせて作られた特別仕様。6. 寝室カプセル。収納とユニットバスを備え、中銀カプセルタワーのモデルルームと同じ仕様だが、ここは居住性を考え通風口がある。

す、すごい…。目の前に突如黒い物体が現れた。雪を被ってはいるものの、それは紛れもなく作品集の中でしか見たことが無かったあのカプセル・ハウスだった。場所は軽井沢のとある別荘地。そこの急斜面に、コールテン鋼と呼ばれる鉄製のカプセルに目玉のような丸窓が付いた建築物がへばりついている。それこそが世界的に活躍した建築家・黒川紀章の別荘『カプセルハウスK』（1973年設計）だった。しかしなぜ私が、50年近く前に建てられたこの別荘にわざわざ極寒のさなか訪れたのか。まずはそこから話を始めなければならない。

東京・銀座8丁目。汐留の高層ビル群のすぐ脇に、かつては世界中の建築関係者が来日した際、必ず訪れたという記念碑的な日本建築が建っている。黒川紀章の設計により72年に完成したカプセル建築〈中銀カプセルタワー〉だ。

そもそも黒川は、国際的な影響力をもつに至ったニッポン発の建築運動『メタボリズム』の中心的メンバーだった。これは60年、東京で開催された国際的な「世界デザイン会議」に向け結成されたもので、建築評論家の川添登を中心に菊竹清訓、槇文彦、大髙正人、栄《え》久《く》庵憲司《あんけんじ》、粟津潔など、当時若手の建築家、プロダクトデザイナー、グラフィックデザイナーからなるグループだった。

『メタボリズム』とは新陳代謝という意味から名付けられた。そこには西欧文明が建築や都市を単なる人工物として捉えていることへの対抗案として、建築・都市=生命体に見立て〝成長〟〝更新〟〝群〟といった　発想から輝ける未来の都市のありようを提案するという、東洋的思想に裏打ちされたものだった。

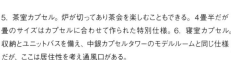

黒川の〈中銀カプセルタワー〉はまさにこのメタボリズムの思想を具現化していた。カプセルタワーを樹木に例えるなら、コアと呼ばれる階段やエレベーターなどが収まった鉄筋コンクリートの支柱部分は〝幹〟、工場で生産されボルトでコアに固定し取り付けられた個々のカプセルは〝葉〟といえる。葉は四季の移ろいにより枯れて落ち、再び春に芽をつけるが、幹は樹木の根幹として四季を通じそこに立つ。つまり消耗の激しいカプセル部分は、年月や用途によって新たに更新させていこうという発想から生まれたものだった。

そんなメタボリズム思想を〝カプセル〟というSFチックなアイテムを用い、実際の街中に出現させた黒川の功績は計りしれない。60年代にイギリス・ロンドンで生まれた建築集団『アーキグラム』（彼らもメタボリズムと同様、世界中の建築を志す若者の心を捉えて離さなかった）もまた、時を同じくして近未来的な年や建築のあり方を示していた。もしかしたら

7. 別荘内の階段。カプセル建築だけにインテリアはすべて未来的と思いきや…大胆に木材を用いた山小屋風な仕上がりになっている。8. メインベッドルーム。これはカプセルではなく、鉄筋コンクリート製コア部分に収められている。大きな丸窓からは浅間山が見渡せる。

〝カプセル〟という概念を世に示したことに限って言えば、彼らアーキグラムの方が早かったかもしれない。しかし彼らはひとつとしてその〝カプセル〟を用いた建築を実現させることはできなかった。技術的な問題をクリアし、都会で暮らす人間のための新たな建築の可能性を世界に向けて〝実体〟として示して見せたのは、黒川自身であり、この『中銀カプセルタワー』だったのだ——。

　しかし、海外の建築界に多大な影響を与え、世界的にも注目されているこの貴重なメタボリズム建築が今、取り壊しの危機にある。完成から50年近く経ち、今まさにそのカプセル更新の時期に差し掛かっているのだが、ビルを所有する会社は住民の過半数は建て替えに賛成しているという。建て替えに必要な数の住民の賛同は得ていないものの、この建築の前途は厳しいものといえる。

　軽井沢に建つ別荘に話を戻そう。この別荘〈カプセルハウスK〉は、前年に東京で建てられた〈中銀カプセルタワー〉と同一のカプセルを用いてつくられた、いわば双子のカプセル建築である。中銀が都市生活者のためのオフィス空間のプロトタイプだとすれば、この別荘は住宅のプロトタイプとして考案されたものだ。しかしこの2つは、個人住宅↔集合住宅、郊外↔都市の差はあれど、どちらを欠いても黒川、ひいてはメタボリズムのヴィジョンを十分に示すことはできないだろう。こうして同時に2つのカプセル建築を捉えるべく、私は軽井沢を訪れたのだった。今はこの2つの貴重な建築が後世まで残ることを願うばかりである。

Capsule House K (1973)

カプセルハウスK

黒川紀章設計。浅間山を望む別荘地の急斜面に建てられたカプセルハウス。中銀カプセルタワーと同じBC-25と呼ばれるカプセルが使われている。玄関や階段、リビングが収められた中央コア部分に4つのカプセルが、それぞれ2本のボルトで取り付けられている。

Kisho Kurokawa

黒川紀章（くろかわ・きしょう）

1934年、愛知県名古屋市生まれ。57年、京都大学工学部建築学科卒業、同年東京大学工学部建築学科修士課程に進学。61年、東京大学工学部建築学科博士修了。2006年、文化勲章受賞。代表作に〈クアラルンプール新国際空港〉（88年／マレーシア）、〈国立新美術館〉（06年／東京・六本木）など。カザフスタンや中国で新都市計画も手掛けていた。07年、73歳で没。

建築家パスカル・ホイザーマンが設計した、フランス・ボージュ県にある宿泊施設（1968年完成）。コンクリート製の泡形建築で、表面は白くペイントされている。もちろん現在も宿泊施設として使われているが、ブクブクとした卵形の有機的な建築が緑の中に並ぶ様子は、この世のものとは思えず圧巻だ。

BUBBLE ARCHITECTURE OF 60'S

“泡の住居”をつくる パスカル・ホイザーマンとは？

建築界でもその名を知るものは多くない、
謎のスイス人建築家パスカル・ホイザーマン。
60 年代から彼がつくり続ける “泡の住居” に迫る。

1. インド・チェンナイの海岸沿いに建てられた卵形住居(2003年竣工)。丸い住居部分を5本の脚が支える。2. 卵形住居の正面はガラス張りになっていて、海岸の風景を楽しむことができる。3. 丸い住居部分には、螺旋階段でアクセスする。4. 1971年、フランス・オーサヴォア県に建てられた、パスカル・ホイザーマン設計の住宅。

1

3

2

4

5. フランス・オーサヴォア県にある幼稚園（73年完成）。半屋外の空間もあり、園児がその下を走る回る。6. オーサヴォア県にある〈マンジェの自邸〉（68年頃完成）のインテリア。廃墟となっていた司祭館を改修、泡の建築を組み合わせたホイザーマンの自邸である。

パスカル・ホイザーマンという名の建築家をご存じだろうか？　いや、例え彼の名を知らなくても恥じることはない。なぜなら建築関係者であっても彼のことをまず知らないのだから…。唯一、フランスの3大建築博物館のひとつオルレアン市の「ＦＲＡＣサントル」が彼の模型やデッサンを収蔵しているが（２００４年、東京・森美術館での建築展「アーキラボ」でその一部が公開された）、それ以外では建築史から無視された存在になっている。しかし建築家として有名でなくとも、彼のつくる〝泡の住居〟から目をそらすことはできない。それは60年代という自由と社会革命への渇望から生まれた時代の落とし子だからだ。

なぜ〝泡の住居〟が生まれたのか？

フランスで制作された彼のドキュメンタリー映画を見ると、ホイザーマンがなぜ泡のような奇怪な形をした住宅をつくるのか語っている。

「経済的な〝入れ物〟を突き詰めたら、泡の形になった。水中で作られる泡の形は、自然界でもっとも無駄がない。自然が決めた形に倣えば、無駄のない建物になる。こうして見つけた形が、空洞の楕円形だった」

　彼は学生時代からアントニ・ガウディの建築から刺激を受けてきた。特にスペイン・バルセロナで今も建築が続く、サグラダ・ファミリアの着工当時の様子を見て感動したという。そしてなぜ建築はガウディのような自由な発想で建てることができないかを考えていた。そんな折、彼が21歳の時、英語教師だった父親から自宅の設計を頼まれる。そこで初めて円形の〝泡の住居〟を設計し、セルフビルドで作り上げた。１９５９年のことだった。家が完成すると、そのあまりに奇抜なフォルムに、たちまち話題となり、地元の新聞などが騒ぎ立てた。66年、雑誌「ＥＬＬＥ」が彼が設計した〝泡の家〟に賞を与え、その存在がフランス国内に広く知られることとなった。

　彼は次なる「実験」へと取り組んだ。〈ド・モービル（可動住居）〉だ。これはプラスチック素材の住宅で、好きなパーツを組み合わせ、好きな場所へ運ぶことのできる未来の住居だった。

「車は家より経済的だ。タイヤやモーターが装備され、最新の電子機器だけでなく革の椅子など、家具付きだ。私はより経済的な建築を求め、プラスチック製の家をシリーズで作ることにした。〈ド・モービル〉のパーツはトラックで丸ごと運べる。居間や個室、台所、浴室などの部屋と、結合部のパーツを組み合わせればアパルトマンの完成だ」

　マスコミは再び熱狂し騒ぎ立てた。〝工場で建てられる細胞の家〟〝泡の住

8 7

7.数学教師をしていた父親から設計を依頼されたことで彼の処女作となった、パスカル・ホイザーマン自邸の外観。8. フランス・イーゼル県シャンベリー近郊ベルドンヌにあるレストランに併設する山岳レジャーセンター（66年完成）。コケに覆われ廃墟のようで不気味な雰囲気だ。

居が未来の答え？〟〝中古のド・モビールはいつ登場する？〟センセーショナルな見出しが踊った。

「建築物は長持ちするが、永久ではない。もっと建築を消費すべきだ。車と同じように家を買い、すぐ住めるよう規制を緩和すればいい。これが私の建築の指導原理だ。〈ド・モビール〉の目的は、家に道路のような役割を与え、交通の流れを作ることだ。あとはルールの範囲内で、住民が自由にすればいい。近所との関係によって上下階を選ぶ。そういう機会を与えれば、住民同士の交流は促される。建築に関する決定を分権化し、政府や行政に居住区域を決めさせない。住民自身が決めるのだ」

なぜホイザーマンは嫌われたのか？

〈ド・モービル〉には、すぐに500～700件の注文が集まった。しかし、行政サイドから建築許可は下りなかった。恐らく〝居住空間を消費する〟というホイザーマンの過激な考え方に、行政が難色を示したのだろう。この行政側の反応には、68年5月に全世界を震撼させたパリ5月革命の影響もあった。学生や労働者からの激しい突き上げに、政府や行政はおののき、政治は硬直化した。これにより、個人主義の傾向がある計画はすべて否定された。ホイザーマンによれば、70年代に始めた設計は、建築許可が下りなくなったという。こうしてホイザーマンの、60～70年代にかけてのフランスとスイスで行われた夢のような取り組みは頓挫した。

しかし、建築家パスカル・ホイザーマンはその後も〝泡の住宅〟をつくり続けていた。そしてインドの地で息を引きとったのだった。

Pascal Hauserman

パスカル・ホイザーマン

1936年、スイス生まれ。71年、アンティ・ロヴァーグ、シャネアックと共に「成長する住宅協会」設立。70年代スイス・ジュネーブのル・コルビュジエ設計〈クラルテの集合住宅〉（32 年竣工）を修復、蘇らせた。2011年、74歳で逝去。日本ではドキュメンタリー映画『謎のスイス人建築家パスカル・ホイザーマン』がDVD化されている。

敷地正面の階段を上り切ると、目の前にこの光景が広がる。右側に見えるコンクリート打ち放しの建物が、1966年に完成した〈龍生会館〉。左手に見える白い建物は龍生派家元の自邸(65年完成)。ともに建築家、西川驍の設計だ。〈龍生会館〉は3階建てで、入り口は2階にある(写真右手)。

TOKYO MODERN ARCHITECTURE LOST

さらば60年代、前衛建築。

東京・市ヶ谷に建つ、いけばな龍生派の拠点
〈龍生会館〉は、知られざる和風モダニズム建築だ。
しかし、このアヴァンギャルドな名建築も残念ながら、
解体され、永遠に失われてしまった…。

2

1

1. 家元自邸外観。力強く出っ張る斧のような梁や、バルコニーのスペーシーな雰囲気の造形に注目。2. 屋上にある謎の突起物。給水タンクの目隠しにつくられたものだが、龍生派の生けた花をイメージさせる斬新なデザイン。3. 1階の応接室。洞窟のように薄暗い空間で、天井からは鍾乳石のような照明がせり出す。4. 屋上から家元自邸を見下ろす。コンクリートで和を表現したデザイン。力強く前方に突き出た梁が、60年代という時代が持っていた勢いを感じさせる。

3

4

6

5

東京にもこんな場所があったのか…。東京都新宿区市ヶ谷。旧江戸城のお濠《ほり》端を走る外堀通りから一本入ると、昭和で時代がストップしてしまったかのような、どこか懐かしく不思議な雰囲気の細い路地が現れる。築50年は経っているであろう古い木造アパートが残り、その玄関先には野良猫が寝転ぶ。並びには坂倉準三設計の名建築〈日仏学院〉も建つ。

このエリアは室町時代、太田道灌《どうかん》が江戸城を築いて以来の由緒ある土地で、江戸時代には徳川譜代の大名屋敷があり、明治の頃は西南の役の勇将、谷《たに》干城《たてき》中将邸だった場所である。その地に〈龍生《りゅうせい》会館〉はあるのだが、手前に大きな階段がせり出しているため、路地からは奇抜な建物の全貌はうかがい知ることはできない。また一見すると、お寺か神社に見えてしまう和風コンクリート造の建物なので、道行く人も特別気に留める様子もない。

そんな大都会のエアポケットのような目立たない場所に建ち、かつ、あまり建築専門誌などにも取り上げられたことがなかったためか、この建物は建築マニアにさえほとんど知られていない穴場建築スポットになっていた。しかし、そのわかりにくい立地とは裏腹に、階段を上ると現れるその姿は他に類を見ない、造形が爆発するアヴァンギャルドな日本独自のモダニズム建築なのである。

いけばなの「龍生派」とは何か？

〈龍生会館〉は、独創的で自由なスタイルで知られるいけばなの「龍生派」の活動拠点で、1966年、龍生派の創流80周年の記念事業としてつくられた。「龍生派」は、1886（明治19）年、初代家元・吉村華芸《かうん》が27歳の時に東京で興した流派で、二代目家元・華丘《かきゅう》が立華《りっか》、生花に加え、挿花《そうか》、瓶花《へいか》様式を創案。近代的な流派としてその基礎を固めた。三代目家元・華泉《かせん》は戦後の復興の中、自由で前衛的な試みが流行《はや》るいけばな界の風潮において、植物本来の生命を見つめ直し、作品化する方法論「植物の貌《かお》」を提唱。定型化した花の生け方から離れ、新たな姿勢で植物に接する方法で、龍生派いけばなの根幹となる考え方になっている。2010年の〈龍生会館〉取材時には、日本の国内外に60以上の支部・地区組織を持ち、門弟数は15万人を超える。でもなぜこのような奇抜ともいえる建築が、いけばなの会館としてつくられたのだろうか？

建築家自身が語るデザイン論。

この建物を設計したのは、建築家の西川驍《たけし》。日本大学芸術学部の教授を務めた人物で、『現代建築の日本的表現』などの著書がある。その西川がこの建物を設計するきっかけとなったのは、家元・華泉が主婦の友社の出版部長だった高塩幸雄に、誰に設計を依頼すべきか相談したことだった。

「誰か良い建築家はおりませんか？」

「おとなしい人と破天荒な人、どちらが良いですか？」

「ではおとなしくない方を」——。

こうして高塩から紹介された建築家が、西川だった。まずは〈家元邸〉が依頼され、65年に完成。その翌年にこの〈龍生会館〉が完成した。西川は龍生会館竣工記念の冊子の中で、会館設計にあたりこう語っている。

8

7

5. 2階受付奥にある、昭和モダンな雰囲気の打ち合わせスペース。6. 1階の廊下。壁に開いた無数の穴は、空調の吸気孔。曲線を描く、壁と廊下の設置面に注目。7. 1階の中庭にある人工池。曲面に張られたタイルが美しい。
8. 1階と2階の階段踊り場からエントランス方面を眺める。コンクリートの壁面には、鳥をモチーフにしたレリーフがある。

「建築は、敷地と周囲の環境空間の考慮が大切なのですが、龍生会館は、敷地と周囲の調和というより、対立することが都市空間への発展性であり、それが未来への調和だという考え方が基本です」

「意匠上の考慮は、家元の住まいとの調和を考え、日本の古典建築の伝統的な様式を基本に設計しています。ある人は神社やお寺のように思われるでしょうし、町家や民家のような梁の原始的な太々しい構成を内部に感じられるでしょう」

「このような考えの基本的な設定は、龍生派いけばなの基本的な考え方と合致したものです。これは建築や生花がもつ古い日本の伝統を大切にすることとそれを打ち破り、新しい日本の伝統を、現代に創造したい、現代の日本人である私たちの願いです」

完成当時のこの文を読むと、建築家・西川の設計意図が見えてくる。都市の中に花を生けるように、アヴァンギャルドな建築を置き、調和よりむしろ〝異物〟を街に挿入する。そうすることでパワーと創造性を生みだす。いけばな、というキーワードでこの建築を見ると、屋上のブーメランのような謎の突起物も説明がつく。これは建築を、龍生派のいけばなに見立てたものなのだ。

しかし、この〈龍生会館〉も残念ながら、10年に取り壊されてしまった。12年には、集合住宅を含むガラス張りの現代風のビルに生まれ変わり、龍生派の新たな拠点となっている。惜しい。惜しすぎる。しかし、時代の波は人間だけでなく、建築や都市をも容赦なく飲み込む——。モダン、ポスト・モダンと時代は移り変わり、今や貴重なモダン建築が次々と失われる「ロスト・モダン」時代に突入したのかもしれない。

Rusei Kaikan

龍生会館

1966年完成。設計：西川驍、施工：清水建設。社団法人龍生華道会（龍生派）の活動拠点。鉄筋コンクリート3階建て。大・小ホール、撮影スタジオ、簡易宿泊施設を備える。上の写真は2階ロビー。床は石畳になっている。2010年11月解体。ちなみに「龍生派」の名前の由来は、初代家元の出身地、愛知・岡崎城に因んだもの。家康が生まれたその城の別名「龍が城」の龍の一字を冠した。

OKAYAMA'S GEMS IN THE ROUGH

岡山で重要文化財級の モダニズム建築を発見。

岡山県の北部、津山市にある〈津山文化センター〉は、日本の伝統建築をコンクリートで表現したその造形から建築好きの間で"重要文化財"と評される貴重な建築。一体なぜこの建築がつくられたのか、リポートする。

日本の寺院建築に見られる、軒を支える「斗栱《ときょう》」と呼ばれる木組みの構造体を、コンクリートで表現した〈津山文化センター〉。この「斗栱」が、末広がりにせり出す軒を支える構造体となっている。これらコンクリート製の斗栱の実用化には、工場でつくられ現場で組み立てられる「プレキャスト工法」が用いられた。

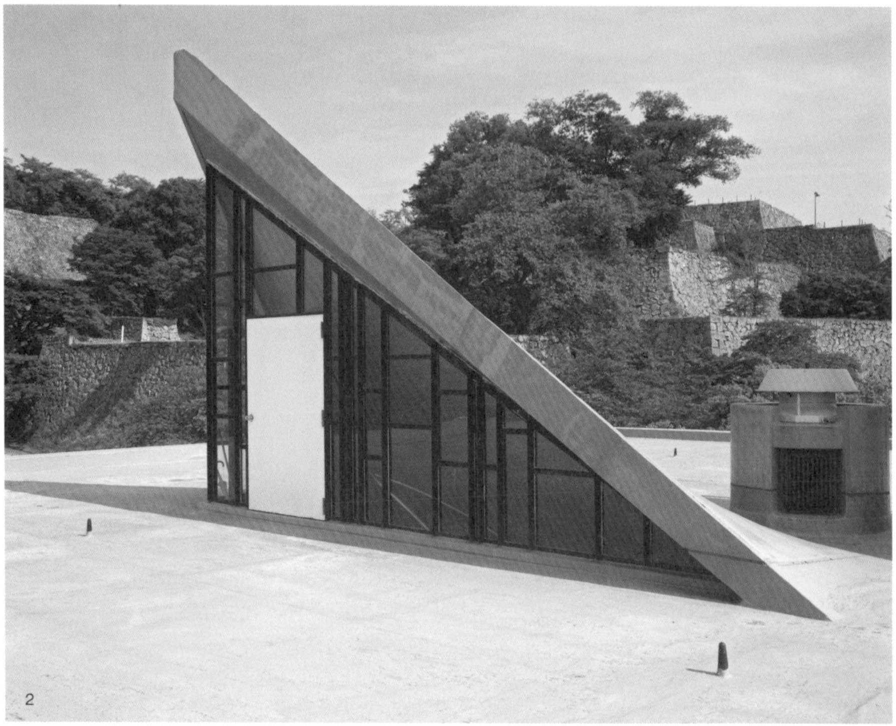

1. 津山城址に建つ“現代の城”津山文化センター全景。外観デザインは、津山城の台形の石垣と対比させるため、末広がりの逆台形をしている。2. 尖った形をした屋上への出入り口。後ろに見えるのは設計の際、建築家・川島甲士も意識した津山城の城壁。3. 滑らかにカーブを描く階段。階段の裏側は朱色に塗られている。4. 1000人以上を収容できる大ホール。5. 津山文化センターのホワイエ。天井からは巨大なオリジナル照明が吊られている。6. 上部にある円筒形のコンクリート製のカプセルはトイレになっている。壁にはカラフルなタイルが貼られ、華やかさを演出している。

5

3

6

4

8

7

JR岡山駅からディーゼルエンジン搭載・2両編成の津山線に乗ると、一瞬旅の目的を忘れそうになった。車窓からは、山並みに点在する家々、蛇行して流れる吉井川など、旅情を感じさせる田園風景が次から次へと現れる。いやいや、だめだ。ローカル線に揺られるのが目的ではない。今回のミッションは、建築マニアの間で、オリジナリティ溢れるその造形と日本の伝統建築を思わせるディテールから〝重要文化財級〟と囁かれるモダニズム建築〈津山文化センター〉を取材することにあるのだ。

そんな思いを抱き、岡山駅から普通列車に揺られ、1時間半でようやく津山駅へ到着した。目的の〈津山文化センター〉は駅から1.5キロ離れた高台にある。そこは鶴山《かくざん》公園という桜の名所として名高い所で、明治の初めまで四重五階建ての天守閣を持つ津山城が建っていた場所である。今でも石垣だけが当時の姿のまま残っている。

知られざる津山の歴史。

重要文化財級の文化センターが存在する津山は、岡山県北部の城下町である。中国山脈のほど近く、美作《みまさか》と呼ばれるエリアにあり、津山は中世からその政治・経済の中心部として栄えてきた。関ヶ原の合戦後は、西軍から東軍へ寝返ったとされる小早川秀秋が備前の国とともに統治。しかし、秀秋が2年で早世すると、「津山城」をつくることになる森忠政がこの地へとやって来る。

1603（慶長8）年、美作一国18万6千5百石の国持ち大名となった森忠政は、吉井川と宮川の合流点を見下ろす小高い「鶴山」に城をつくることを決め、翌年、鶴山を「津山」に改称。城下町の建設を始めた。そして、足かけ13年の歳月をかけ、1616（元和2）年、堂々たる天守閣を有する津山城を完成させる。森家は元来、織田、豊臣につながる外様大名だったため、城の造りは、もしもの時の防衛に備えて幾重にも石垣が築かれ、通路の配置も巧妙を極めていた。しかし、森氏は戦わず滅びることとなる。初代の忠政から4代・90年続いた後、跡継ぎを立てられないまま領地没収となるからだ。

森氏に代わり、1698（元禄11）年、外様大名ひしめく中国地方ににらみを利かせるため、徳川家ゆかりの松平宣富《のぶとみ》（越前家）が美作10万石を領す津山城主となる。洋学の普及に力を注いだ津山松平氏により、さらにこの町は栄えたという。そして松平家は9代まで続き、明治維新を迎えることになる。江戸時代の終焉とともにその役目を終えた津山城は1873（明治6）年に取り壊しが決定。天守閣を含む建物はすべて解体され、払い下げられた。

城壁のみが残された津山城址はその後、県有地となり、1899（明治32）年、公園にするという条件で津山町に払い下げられる。そして戦後の高度成長期、市民からの文化施設を望む声と寄付により、城の跡地に文化センターが建てられるのである。

日本の伝統建築の「斗栱《ときょう》」がモチーフ。

前置きが長くなったが、そんな津山の歴史を噛みしめ、私はこの〈津山文化センター〉へとたどり着いた。目の前に威風堂々とそびえるその外観。何より圧巻なのは、日本の伝統的な寺院建築に見られる「斗栱」と呼ばれる軒を支える構造体のようなものが連なったデザインだ。

10

9

7. ホワイエ上部の階段踊り場。柱にもデザインが施され、ディテールへの執念を感じさせる。これが文化財級といわれる所以だ。8. 事務室脇の壁は陶器のタイルで飾られ、温もりを感じさせる。9. 室内から「斗栱」を見る。庇があるおかげでコンクリートが雨にさらされず、竣工から50年以上経つ今もほとんど劣化が見られない。10. 脇に建つ展示館も川島甲士設計。壁画はメタボリズムグループの一員だったグラフィックデザイナーの粟津潔が手掛けている。

現代美術家の杉本博司が奈良にある国宝・当麻寺《たいまでら》東塔のディテールを撮影し、その天平時代の部材とともに展示した「反重力構造」という作品がある。ここで杉本はこの三重塔の「斗栱」を緻密に撮影し作品の要のひとつとしている。この構造体を誰が考案したか知る術もないが、コンピュータで構造計算ができなかった天平時代にあって、幾重にもせり出す軒を支え荷重を分散させるこの斗栱は、今見ても理にかなった美しさと力強さを併せ持っている。

文化センターをデザインした建築家の川島甲士は、当時の建築雑誌の中で、こう語っている。

「古寺名刹《めいさつ》に見られる壮大な伽藍《がらん》のたくましい木組、さらに巧みを極めたリズミカルな斗栱が織りなす微妙な光と影のアンサンブル。そのひとつひとつが得がたい魅力となって私を離さない」

また、敷地の向かいにそびえる津山城の城壁が、この造形を生み出すきっかけになったという。

「敷地を構成している巨大なマッス（塊《かたまり》）の末広がりの城壁に対して、逆の形態を導入することによりその対比を際立たせ、城壁の造形も積極的に建築空間の要素として活かすという発想からこの計画は出発した」

台形の城壁とそれを逆さにした逆台形の文化センター。その逆台形を支えるために日本の寺院建築に見られる構造体「斗栱」をコンクリートで表現する——。日本の近代化（モダン化）の過程で失われた「城」が、戦後の高度成長期のうねりの中、近代思想を背負ったモダニズム建築に形を変えて再び姿を現す。津山文化センターは"現代の城"として町のシンボルとなり、今も津山城址に建っている。

Koushi Kawashima
川島甲士（カワシマ・コウシ）

1925年生まれ。早稲田大学理工学部建築学科卒業後、清水建設、逓信省営繕課設計部を経て、57年、川島甲士建築研究室設立。代表作に「西都原考古資料館」（68年）、「宮崎県営国民宿舎・青島」（70年）など（いずれも現存せず）。2009年1月逝去。享年83歳。

Tsuyama Culture Center
津山文化センター

1965年竣工。設計：川島甲士。構造設計は伝説の構造家・木村俊彦。鉄筋コンクリート造、地上3階・地下1階。文化センターの横に建つ展示館の壁画はグラフィックデザイナー、粟津潔《あわづきよし》の作品。展示館の中庭も粟津が手掛けたが、増築のため現存せず。●岡山県津山市山下68 ☎0868-22-7111 ㊡木

黒川紀章設計の〈寒河江市庁舎〉のメインロビーを竣工当時から50年以上、変わらぬ姿で照らし続けている岡本太郎の彫刻作品『生誕』。FRP（繊維強化プラスチック）製で高さは優に2mを超える。縦横無尽に突き出た角は全部で16本。内部には蛍光灯が仕込まれている。太郎はこの作品について「建物の直線に“ツノ”を曲線で対抗させ、生みの苦しみとエネルギーを表現した」と語っている。4層分吹き抜けの天井から吊るされた作品は、圧倒的な存在感で心を揺さぶる。

TARO OKAMOTO'S MASTERPIECE UNEARTHED

岡本太郎×黒川紀章、隠れたマスターピース。

建築家、黒川紀章が1967年に設計した山形県の〈寒《さ》河《が》江《え》市庁舎〉には、岡本太郎の光る彫刻作品がある。それはどんなものなのか。実像に迫る。

1

1.寒河江市庁舎の外観。スロープを上るとそこが2階のメインロビー、市民広場だ。スロープを上り切った庇の下の左側部分は後年増築された行政オフィス部分。2.スロープを上り切ったメインロビーのエントランス前には、木の彫刻作品『システム』（竹田光幸作／67年）が置かれている。3.彫刻作品『地の標』（竹田光幸作／67年）。ベンチや灰皿入れもコンクリート製の造り付けで、黒川紀章のデザイン。4.市庁舎の3階から吹き抜けを見下ろす。

3

2

4

5.有名デザイナーの名作椅子製作で知られる「天童木工」製の、議会内・記者席の椅子。竣工当時のオリジナルが今も残る。ちなみに寒河江市と天童市は隣接している。6.岡本太郎のデザインと思われる市庁舎入り口のドアノブ。

「法隆寺は焼けてけっこう。自分が法隆寺になればよいのです」

「本職？　そんなのありませんよ。バカバカしい。もしどうしても本職っていうんなら、〝人間〟ですね」

「芸術は爆発だ！」

グサッと心に刺さり、気持ちを奮い立たせてくれる数々の言葉で、今でも若い世代を中心に絶大な人気を誇る岡本太郎。だが、彼の生み出した作品について詳しく知る者は多くない。岡本太郎の作品は、絵画、彫刻、家具、グラフィック、建築など多岐にわたる。特に60年代以降から晩年まで、芸術というものを一般に広く浸透させるべく太郎はたくさんのパブリックアートの制作に取り組んだ。東京・数寄屋橋の『若い時計台』（66年）、東京・青山の『こどもの樹』（85年）など、その数は30を超える。

では今から50年以上前に、建築家、黒川紀章が設計した市庁舎のロビーに、岡本太郎の巨大な彫刻作品があることをご存じだろうか？　無数に角が生えた芸術爆発系の照明…。私はその作品を取材すべく、山形県寒《さ》河《が》江《え》へと向かった。東京駅から山形まで山形新幹線で3時間。福島を過ぎた辺りから、車窓の風景は雪景色へと変わった。山形からはディーゼルエンジンで動く左沢線に乗り換え30分。ようやく目的地へ着いた。

〈寒河江市庁舎〉の建築的評価は高い。近代建築の記録・保護の活動を行う国際機関DOCOMOMO《ドコモモ》の日本支部が2004年に選定した近代建築100リストにも入っている。世界の建築界に影響を与えた、日本発の建築思想「メタボリズム」（新陳代謝という意味で建築や都市を生物の進化・成長になぞらえ建築や都市計画を構想した）のメンバーであった黒川紀章が、その思想を体現した最初期の建築であるというのがその理由だ。事実、この市庁舎は成長・変化する部分（1階の議会フロア）と変わらない部分（3、4階の行政フロア）に分けられ、時代の変化によって建物がトランスフォームするものとして考えられていた（しかし実際、変化したのは2階メインフロア横に増築された行政フロアだった）。

特筆すべきは、議会が市民広場の下に設けられていることだ。そこをつなぐ床には十字形にガラスブロックが埋め込まれている。議会から見ると、天井に十字形のガラス部分があり、上階からの光が差している。その光は2階のメインフロア、つまり市民広場からのものなのである。市民の下に議会がある。まさに住民の意思が議会に反映されていることが建築で表現されている。そしてメインフロアを太陽のごとく照らしているのが、この岡本太郎の光る彫刻作品『生誕』なのである。

竣工当時のさまざまな資料を当ってみたが、なぜ岡本太郎が、この市庁舎のために彫刻作品を残したのかを記した決定的な手掛かりを見つけることはできなかった。推測するに、30歳になったばかりの若き日の黒川紀章が岡本太郎に自らの建築への画竜点睛を頼んだのであろう。当時、岡本太郎は建築・デザイン界に絶大なる影響力を及ぼしていたからだ。だが、ここでいう影響力とは「政治的」なものではなく、もっと根源的で本質的なもの、すなわちクリエイター階級の創造に何がしかの影響を与えてしまうという意味でだ。事実、岡本太郎は、黒川の師匠である丹下

7. 1階にある議会の天井。ガラスブロックが十字形に埋め込まれ、上階、すなわち市民広場からの光を意識させる。8. 2階の市民広場に置かれたベンチ。これも「天童木工」製のオリジナル。床には美しいタイルが貼られている。

健三と旧・東京都庁舎（57年）と国立屋内競技場（64年）で世紀のコラボレーションを行っている（太郎は壁画を提供）。１９５４年に太郎の呼びかけで設立された「現代芸術研究所」では、丹下健三のほか、清家清、吉阪隆正、亀倉雄策、土門拳、柳宗理など、建築界にとどまらない、戦後日本をつくり上げるクリエイターが参加している。それを横目で見ていた青年、黒川が太郎に、自身の初の公共建築でのコラボレーションを依頼したとしてもおかしな話ではない。

しかし、太郎、黒川、そして太郎のパートナーで良き秘書だった岡本敏子の亡き今、そこにどんなこまやかなやり取りがあったのかを確認する術はない。だが今も寒河江市庁舎のメインロビーには岡本太郎のつくった照明作品が残っている。それが市民を明るく照らし続けているということは紛れもない事実だろう。

Taro Okamoto

岡本太郎（おかもと・たろう）

1911年、神奈川県川崎市生まれ。父・一平は人気漫画家、母・かの子は小説家。30年からパリに住み、前衛芸術家と親交を結ぶ。第二次大戦のため帰国後は、96年に84歳で死去するまで日本で孤軍奮闘する。

Kisho Kurokawa

黒川紀章（くろかわ・きしょう）

1934年、愛知県海部郡生まれ。京都大学卒業後、東京大学大学院（丹下研究室に所属）在学中の62年、黒川紀章建築都市設計事務所設立。代表作に、中銀カプセルタワーなど。2007年、73歳で没。

Sagae City Hall

寒河江市庁舎

1967年完成。設計は建築家の黒川紀章。国際機関DOCOMOMOの日本支部が2004年に選定した日本のモダニズム建築100選にもリストアップされている。●山形県寒河江市中央1-9-45　メインロビーなどは市役所の開庁時間（8：30～17：15）であれば見学可。

フロアに置かれた石には、関係者の名にまじり、岡本太郎の字で作品名とサインが刻まれている。また、照明作品は鎖で、天井とこの石とで固定されている。

Kisho Kurokawa,Le Metabolisme 1960-1975,Centre Georges Pompidou,1997.

1970年の大阪万博での貴重なスナップ写真。中央の岡本太郎の肩に、後ろから親しげに手を置くのが若き日の黒川紀章。向かって右端には、太郎の生涯のパートナーであった岡本敏子の姿が。背後には太陽の塔も見える。

〈天地のいえ〉を北東から見る。外壁の白はペンキではなく、天然シラス（火山灰）を塗ったもの。左端に見える四角いスリットは家の門で、家の平面構成はちょうど漢字の「心」の形になっている。つまり1画目に当たる部分が入り口で、そこから入り、建物正面に見える丸に十字の窓が付いたドア（玄関）へと至る。

COSMOLOGY IN THE HOUSE

「宇宙住宅」降誕。

名古屋の郊外で謎の住宅を発見！
これこそ日本が誇る建築界の鬼才、
高﨑正治が設計した〈天地のいえ〉だ。
どんな住宅なのか？　その思想に迫る。

1

3

2

1. 1階リビング全景。宙に浮いたように見えるものは、建築家が「ゼロの空間」と名付けた白い球体の部屋。この球体の上に付いた円筒の光窓から、光が差し込む。2.門を入って玄関に至る間にある池。天然のシラス（火山灰）が塗ってあり、金魚も元気に泳ぐ。3.門をくぐった後の玄関までのアプローチから、玄関ポーチを眺める。4. 1階のリビングから、ドーム型の屋根まで突き抜ける柱を見上げる。この吹き抜けと太い柱は圧巻で、『古事記』に出てくるニッポンの創生神話を思い起こさせる。

4

6

5

名古屋駅からタクシーに乗り込み、住所と一緒にこの家の写真を見せると、「へー、これ一般のお宅なの?」と運転手は怪訝そうな顔で資料を覗き込んだ。それから車で走ること約20分、やがてタクシーは住宅が立ち並ぶエリアに入った。そこは日本であればどこにでもあるような郊外の住宅地だった。電柱の住所表示を見ると、目的の家にはかなり近い。やがて大きなホームセンターが見え、その建物の角を曲がると突如目の前に陽の光を浴び銀色に光る突起物が目に入った。「おー、すごい…」。タクシーの運転手のみならず、変わったものを見慣れている私も思わず唸った。それこそ今回のターゲット、建築界の鬼才、髙崎正治の設計した住宅〈天地のいえ〉だった。

究極の手仕事から生まれた家。

　この住宅はすべて木造でできている。普通に言葉で表現すれば「木造二階建て」の家だ。でも見た目は言葉以上に単純ではない。曲線や複雑に絡むディテールなどで満ち溢れている。これらは髙崎の指示により、すべて職人の手仕事によって生み出されたものだ。髙崎はこの複雑な建築のつくり方を現場の職人に伝えるにあたり、図面だけではなく模型をつくり説明したという。模型は東京の事務所と名古屋の現場に一つずつ置き、お互い確認しながら工事は進められた。髙崎自身も月に一度は必ず現場に出向いた。この家の完成まで、設計に1年半、施工に3年半もの年月が費やされ、２００９年5月にようやく完成した。工期をかけず数カ月で出来上がってしまう昨今の建売住宅とは大違いである。

　この家に住むのはごく普通の4人家族だ。母と子ども3人（上の息子はもう独立する年齢だそう）が暮らしている。ここの主である母親はパン職人で、将来はこの家でパン教室を開くのが夢だという。しかし、なぜ一般の人が自宅を、あえて髙崎という〝天才建築家〟にお願いしようと思ったのだろうか? 動機は何だったのか、どうしても気になり、髙崎本人に聞いてみた。

「10年近く前の話です。私はNHKの『ラジオ深夜便』というラジオ番組に何週か連続で出演しました。その放送を偶然聴いて、私の考えに共感してくだったステンドグラス作家の方が、工務店の社長さんに私の話をしてくださって。それで連絡をもらったのが始まりです。この家のお施主さんも曲面を使った家を建てたいとの希望がありました。そこで一度、鹿児島にある私の一連の作品を皆さんに見学しに来てもらったのです」

　なるほど、施主、工務店、建築家、やはりこの家づくりを行う3者が三位一体、ひとつとなったからこそ、このような類まれな建築が生み出されたのだろう。

髙崎正治とは一体誰か?

　ではこのような建築を生み出した髙崎正治とは一体、どんな人物なのだろうか? 髙崎は早熟だった。14歳で建築家を志し、すでに当時自らのアイデアを模型でつくり撮影までしている。そんな彼が世界から注目される転機ともなったのが、197

8

7

5. 住宅2階の「ゼロの空間」内部から、高崎曰く「人類史上初」という、曲がった太鼓橋を見る。6. 住宅2階の様子。2階には完全に独立した部屋が4つある。7. 1階のリビング「仙居の間」。逆円錐形の柱が天井に向かって伸びている。床には北斗七星の形に床窓が設けられ、通風孔になっている。8. 屋外、玄関下には「人」の文字をあしらった石が置かれている。

7年の「新建築国際住宅設計競技」だった。世界35カ国、応募者446組の中からグランプリを受賞。審査員であった英国人建築家ピーター・クック（60年代に活躍した伝説的建築グループ、アーキグラムの中心的メンバー）の目に留まり、「これは最高の建築であり、私を恐怖させる」とまで言わしめた。

　これを契機に、ピーター・クックを始め、シュツットガルト大学教授（ドイツ）や、グラーツ工科大（オーストリア）の教授と協働。82年の独立まで、西洋建築の歴史と伝統を学んだ。01年には、その活動が認められ、王立英国建築家協会名誉フェローを授与。その席上で「高崎の建築は日本建築界ばかりでなく、世界の建築界で比類なき存在である」と絶賛された。そして建築家として活動を始めてからずっと「物こそ人なれ――物に人の心を宿す」をモットーに、人間精神の生命活動と自然環境との随順を基調に、心に響く喜びの建築を探求し続けている…。

〈天地のいえ〉の中に入ってみた。奇抜な外観とは裏腹に、部屋にいることがすごく心地いい。内装にも化学的な人工素材は一切使用せず、断熱材には羊毛を、壁にはシラス（火山灰）を塗っているという。リビングの窓からは家の向かいにある公園の緑が見える。家が呼吸し、内部にいる人間も光と空気で満たされているような感覚になってくる。一体、この家の心地良さの秘密はどこにあるのか。「木」「紙」といった天然素材のみでつくられているせいなのか。それとも「気」「神」といった宇宙空間の持つ自然エネルギーを呼び込んでいるせいなのか。内部空間を体験しながら「何か」を感じた。

Takasaki Masaharu

髙崎正治（たかさき・まさはる）

建築家。1953年、鹿児島県生まれ。82年、TAKASAKI物人研究所設立。90年、髙崎正治都市建築設計事務所設立。現在、王立英国建築家協会名誉フェロー、京都造形芸術大学教授、インスブルック大学教授を務める。代表作に〈鹿児島県高齢者文化交流センターなのはな館〉（98年完成）、〈輝北天球館〉（95年完成）、〈照明保育園〉（95年完成）など。www.takasaki-architects.co.jp

SEACRET MODERN ARCHITECTURE IN TOKYO

異形のモダニスム建築、日生劇場を見たか。

建築家・村野藤吾が60年代につくりあげた劇場は、
今もなお人々を惹きつけ、魅了してやまない。
一体それはなぜなのか？ テクノロジーが発達し
進歩したはずの現代建築にはない、その秘密に迫る。

東京・日比谷にある日生劇場の内部空間。天井には2万枚ものアコヤ貝が貼られ怪しく光り輝く。劇場の壁面も軟体動物のようにぐにゃぐにゃと有機的曲線を描き、まるで海の中のような幻想的な異次元空間が広がる。

3

1

4

2

1.赤い絨毯の敷かれた中2階部分とホワイエ(待合空間)は上品な雰囲気。2、3、4.ビル1階グランドフロアには、いたるところに作家・長谷川路可によるモザイクタイルが床に貼られ、手の込んだ手作業の跡が残る。

1階エントランスロビーの天井をアラベスク模様のような、複雑な幾何学デザインのアルミ板が覆う。これは村野藤吾自身のデザインで、ひとつとして同じ形はない。村野の構成力と建築に対する執念には感服してしまう。

5

6

一体これは何なんだ!? 劇場内部に一歩足を踏み入れ絶句した。竜宮城か、それとも巨大マンタが泳ぐ海中か。天井に一点一点手作業で貼られた2万枚ものアコヤ貝が、舞台装置の光を浴び、鈍く輝く――。東京・日比谷。帝国ホテルのすぐ脇に建つ〈日本生命日比谷ビル〉の中に、こんな幻想的な空間の劇場が存在するなんて、一体誰が想像できるだろうか。花崗岩が貼られた重厚な外観からは予想もつかないアンダーワールドが、このビルの内部には広がっている。この劇場を設計したのは、建築家の村野藤吾。今は亡きモダニズム建築界の怪人だ。

F・L・ライトVS村野藤吾。

〈日生劇場〉の入っている日本生命日比谷ビルは、1963年、日本最大手の保険会社・日本生命の創業70周年記念事業としてつくられた。そのオフィスビルの中に「いいものを見た時の感激は人の一生を支配する。いいものをつくれば、いいものが入ってくる」との理念のもと、建物の半分以上を劇場に当てることが決められた。

このビルの建設が進められていた当時、お隣の敷地には、まだ巨匠フランク・ロイド・ライト設計の〈帝国ホテル・ライト館〉が建っていた。ライト館は23（大正12）年完成。68年、老朽化のため解体され、愛知県の明治村に玄関部分が一部移築された。この建物を設計した村野が、アンコールワットの遺跡を思わせる異様な外観の旧・帝国ホテルを意識しなかったとは想像し難い。なるほど、この日本生命日比谷ビルの外観をよく見てみると、退屈なオフィスビルが立ち並ぶ日比谷界隈にあって、異彩を放っている。石造りの壁にはバルコニーが設けられ、重厚さの中にも優雅さと気品を醸し出している。その内部に退廃的ともいえるバロック・デザインの劇場が内包されていることを暗示しているかのようだ。

しかし、この村野の力作も、バルコニーや石張りの外観、はたまた劇場内部のアコヤ貝の装飾などに対し、建築界では批判の声が上がった。あまりに装飾的過ぎる、というのだ。そもそも「モダニズム建築」というのは、過去の装飾的な歴史的建築（古典様式）と決別、装飾を排し、素材や構造体を忠実に表現することが良しとされている。だから、鉄筋コンクリートの外壁に石を積極的に貼るとは何事かというわけだ。この建築界の保守的な反応に村野は反論した。

「（建築界がどう評価するかよりも）日本生命がどうありたいかということが第一と、一般大衆にどうアピールするかが大切であり、人間と建築とがどういう関係になるかが大切で決定的である」「人間がどう感じるかが大切。構造は手段にすぎない」

作品の多さと完成度からもっと高く評価されてもよい村野だが、建築界からの評価は今でも十分とは言えない。閉鎖的な建築界の論理より、広く一般の人たちへと向けられた至極まっとうな眼差しが、仇になったのかもしれない。この劇場の着工時、村野は67歳。すでにある程度の名声を獲得してはいたものの、一歩間違えると〝ゲテモノ〟と思われるようなデザインに挑戦した村野の意気込みに脱帽するしかない。

日生劇場は、建築ファンのみなら

8

7

5.劇場内部2階席からはアコヤ貝が貼られた天井が間近に見える。壁面は色鮮やかなガラスモザイクとランダムに張られた鉄の板で覆われている。6.中2階の喫茶室には村野オリジナルデザインの椅子とテーブルが置かれ、葡萄の房のような照明が輝く。7.1階にある大理石でできた受付カウンター。地面から生えてきた力強い木の幹のようなデザイン。8.ホワイエにある優美さが漂う螺旋階段。

ず、今でも多くの人々に愛されている。なかでも劇場のオープン翌年から続けられている「ニッセイ名作劇場（現・ニッセイ名作シリーズ）」は、50年にわたり小学校6年生をミュージカルに無料招待してきた。その恩恵に与った子どもの数は777万人。完成当時この劇場を訪れミュージカルに夢中になった小学生も古希を迎える年齢だ。

日生劇場が再開発で無くなる!?

しかし、子どもたちに夢を与えてきた劇場の存続に、今不穏な空気が漂っている。日本橋に本拠地を置く三井不動産が、日比谷一帯の土地開発を進めているからだ。2007年9月にはお隣の帝国ホテルも傘下となり、現在ではこの日生劇場を囲むように、周囲の土地や建物が三井不動産の影響下にある。事実、歴史的価値も高かった〈三信ビル〉（29年完成。設計:松井貴太郎／横河工務所）は、保存運動の甲斐なく取り壊され、現在、東京ミッドタウン日比谷が建っている。関係者の間では、丸の内を本拠地とする三菱地所を、三井不動産が日本橋と日比谷から挟み撃ちにしようとしているのだという話が、まことしやかに囁かれている。

日本生命の理念と、村野藤吾の情念込められた力作が、経済優先の波に押され無くなってしまうのは、あまりに惜しい。重要文化財並みに文化的価値のあるこの建築が未来永劫この地にあってほしいと願うばかりだ。

Nissay Theatre

日生劇場（にっせいげきじょう）

1963年9月完成の日本生命日比谷ビル内にある劇場。同年10月のこけら落としではベルリン・ドイツ・オペラが上演された。建物外観は岡山産の花崗岩が貼られている。1964年、村野藤吾はこの日生日比谷ビルで日本建築学界賞受賞。●東京都千代田区有楽町1-1-1　www.nissaytheatre.or.jp

Togo Murano

村野藤吾（むらの・とうご）

1891年、佐賀県生まれ。日本芸術院会員、文化勲章受章。代表作に広島〈世界平和記念聖堂〉（54年）、京都〈都ホテル佳水園〉（59年）、東京〈千代田生命本社ビル〉（66年／現・目黒区役所）、〈迎賓館赤坂離宮・本館改修〉（74年）、〈新高輪プリンスホテル〉（82年）など多数。1984年没。

〈EXPO'70パビリオン〉として生まれ変わった鉄鋼館内部の円形劇場スペースシアターホール。かつてはここで武満徹の作曲した電子音楽が流された。天井からぶら下がる無数の球体は、スピーカー。天井、壁、床下に1008個が備えられていた。壁に掛けられた2枚のタペストリーは「よろこびの塔」と「かなしみの塔」。原爆のキノコ雲の爆発を表しているもので、大阪万博当時、日本館に飾られていたものだ。

OSAKA'S EXPO REDUX

大阪万博跡地に出現した夢のミュージアム空間へ。

入場者数 6400 万人を数え、日本中が熱狂した大阪万博。1970 年、前川國男が設計したパビリオン「鉄鋼館」が、〈EXPO'70 パビリオン〉として 2000 年に生まれ変わった。それはどんな夢の場所なのか、訪ねてみた。

1

2

3

万博公園内には「鉄鋼館」以外にも数々の〝万博遺産〟が今でも残っている。1. かつての「お祭り広場」に残る、丹下健三設計の「大屋根」の一部。2.「鉄鋼館」の裏側は蔦に覆われ、思わず廃墟萌えしてしまいそう。3. 公園内のパビリオン跡地には石碑が残されている。これはアメリカ館跡地。4.彫刻家、イサム・ノグチがデザインした噴水のある池。万博開催中は一番背の高い噴水から、水が滝のように上から流れ落ち、夜はライトアップされていた。撮影時はメンテナンスのため池の水が抜かれ、底の機械が露わになっていた。

4

1970年、大阪・吹田の千里丘陵を舞台に、それまで欧米以外で開催されたことがなかった万国博覧会が、アジアの地で初めて開催された。参加国数は当時史上最多の77カ国。冷戦の真っ只中だったが、米ソも参加。特にアメリカ館で展示されたアポロ8号と月の石には、子どもだけでなく大人たちも熱狂した。

華麗な大阪万博のパビリオン群。

大阪万博には、そのテーマである『人類の進歩と調和』が象徴する、底抜けに明るく希望に満ちた未来を感じさせる「何か」があった。その演出に大きな役割を担ったもののひとつが、会場を賑わせた奇抜な形のパビリオンだった。ブタ顔のガスパビリオンに、別名〝万博のゴジラ〟と呼ばれた黒川紀章の「東芝IHI館」、丹下健三のお祭り広場の巨大な「大屋根」に、それを突き破りそびえ立つ岡本太郎の「太陽の塔」…。しかし皮肉にも太陽の塔を除き、華麗なパビリオン群は万博閉幕とともに解体され、白昼夢のごとく消えてしまった。

しかし、唯一、設計時から万博閉幕後も存続されることを意図してつくられたパビリオンがあった。ル・コルビュジエの日本人最初の弟子として知られる、建築家・前川國男が設計した鉄鋼連盟のパビリオン「鉄鋼館」である。鉄鋼館は、スペースシアターと呼ばれる円形の音楽ホールを持つパビリオンで、天井、壁、床下に1008個ものスピーカーが備えられ、すべてコンピュータにより自動制御されていた。

前川國男設計の「鉄鋼館」秘話。

このパビリオンが恒久施設として建設された理由のひとつに、大原総一郎（倉敷にある大原美術館の創設者、大原孫三郎の長男。万博開催2年前に没）の提唱した立体音楽堂を実現させたいという作り手側の思いがあった。鉄鋼館の音楽プロデューサーを務めた武満徹を中心に、劇作家の安部公房らも加わって構想がまとめられた。万博期間中は、コンピュータを使った前衛的な電子音楽がこのホールに鳴り響き、人々を驚かせた。

しかし万博が終わった後、鉄鋼館は解体こそされなかったものの、長い間閉鎖、未公開となっていた。一時期、ホワイエ（入り口ホール）部分のみが、催し物の会場として一般に貸し出されていたが、スペースシアターへの立ち入りは禁じられたままだった。

それが大阪万博40周年を記念し2010年3月、「鉄鋼館」は〈EXPO'70パビリオン〉として蘇った。スペースシアターは公開され、ホステス（大阪万博ではコンパニオンのことをこう呼んだ）の制服や、オリジナルの模型、当時の様子を写した貴重な映像などが展示・公開されている。万博マニアのみならず、当時を懐かしんでやって来る熟年層や万博を体験していないだろう学生のカップル

9

8

10

5.〈EXPO'70パビリオン〉の受付カウンターは「鉄鋼館」のものをそのまま利用。6. 大屋根など、万博の基幹施設が集中しているシンボルゾーンの巨大模型。7. ホステスのユニフォームも展示されている。8. 太陽の塔の内部に岡本太郎プロデュースで展示されていた「生命の樹」の再現模型。9. 惜しまれながら2003年に解体された菊竹清訓設計の「エキスポタワー」のカプセル部材とともに、タワー模型が。10.「鉄鋼館」のホワイエ。

などが、70年当時の貴重な公演ポスターや記録映画を食い入るように見つめている。

ここへやって来る人たちの目には何が映っているのだろうか? パビリオン建築の面白さや、グラフィック・デザインの斬新さだろうか。しかし何より、彼らがここ〈EXPO'70パビリオン〉で感じるのは、当時の日本にあって今の時代にない「熱狂ぶり」と、時代をも突き動かす「爆発的なパワー」なのではないだろうか。大阪万博が、1851年の第1回ロンドン万博以降、史上最大の動員数を誇り、また今でも日本人の多くに語り継がれ、同時に魅了してやまないものとなっているのにはそんな理由があるからかもしれない。未来を志向することを忘れてしまった我々現代の日本人に、〈EXPO'70パビリオン〉が語りかけることの意味は深く、大きい。

EXPO'70 Pavilion

EXPO'70パビリオン

2010年3月オープン。建物自体は、大阪万博時に建てられた鉄鋼連盟のパビリオン「鉄鋼館」を改装したもの。このパビリオンは計画当初から、大阪万博後も使用する恒久施設として考えられていた。設計はル・コルビュジエの日本人最初の弟子として知られる建築家の前川國男。前川は1905年新潟県生まれ。86年没。代表作に、東京文化会館、京都会館、神奈川県立図書館・音楽堂、熊本県立美術館など。大阪万博では自動車館も設計した。

●大阪府吹田市千里万博公園内　☎06-6877-4737　㊡10:00～17:00（入場は閉館30分前まで）

㊡水　入館料210円　※別途自然文化園入園料大人260円が必要。

読売巨人軍が春季キャンプを行う運動公園の一部にある、青少年向けの宿泊施設〈宮崎県青島青少年自然の家〉。宇宙基地のようなビックリ系の不思議な形態をしている。設計は、戦前に渡仏し、ル・コルビュジエに師事、日本の近代建築に大きな足跡を残した巨匠建築家、坂倉準三である。

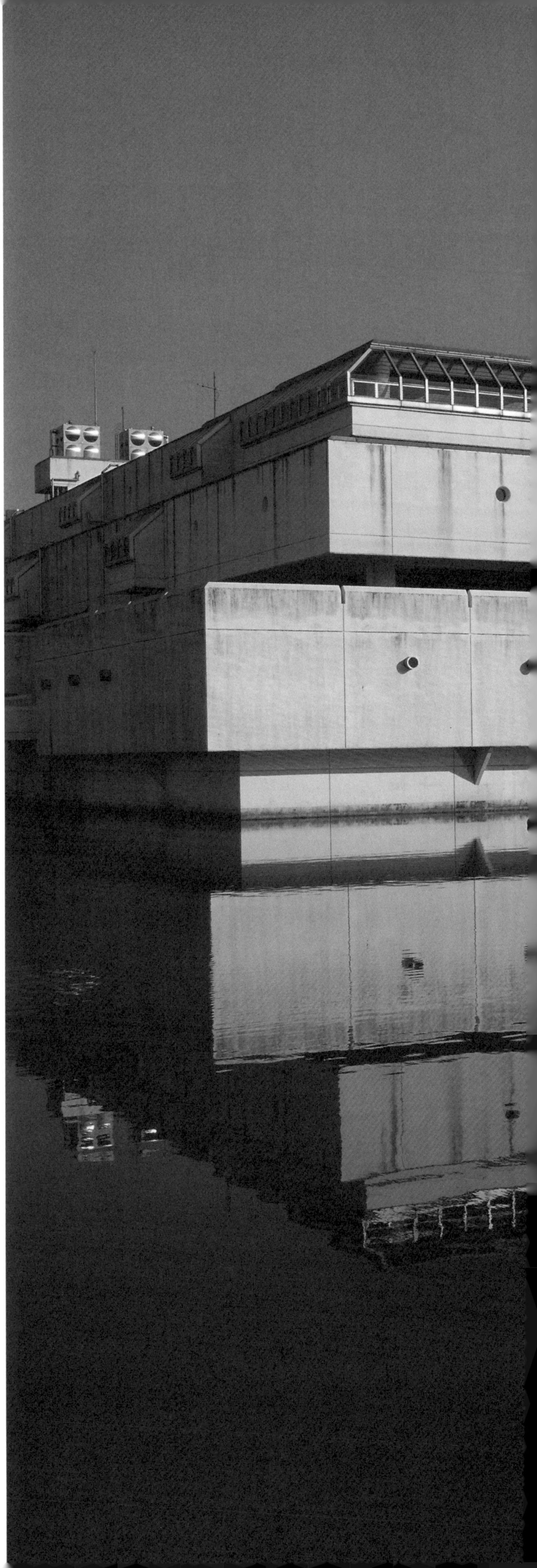

MIYAZAKI MODERNISM

モダニズム建築の宝庫、太陽の国・宮崎へ。

宮崎県には、知られざる異形のモダニズム建築が多く存在する。
宇宙船に、恐竜に、ピラミッドのような形をした建築…。
それはなぜなのか？　太陽ふりそそぐ宮崎県へと向かった。

2

1

Nichinan Cultural Center (1962)
by Kenzo Tange

日南市文化センター　設計：丹下健三

日南市中心部にあるホールなどを内包する文化センター。1. 三角形の山を並べたような外観を広場から望む。2. 外観の壁には彫塑的な窓の日除けが並ぶ。3. 不規則に開けられた大きな開口部から、建築内部のコンクリートの床に光が落ちる。4. コンクリート造の力強さを感じさせる。丹下健三の60年代初期作品の中でも隠れた名作。完成当初、コンクリート打ち放しだった外観を白く塗装したほかは、ほぼ竣工当初のまま使われている。●宮崎県日南市中央通り1-7-1

3

5

6

日本の都道府県の中でも存在感の薄い県のひとつと言われてきた宮崎県だが、２００７年の東国原知事の就任で、その知名度は急激に高まった。地鶏、マンゴー、日向夏…当時有名になったのは特産品ばかりのようだが、そればかりではない。この地は知る人ぞ知るモダニズム建築の宝庫なのである。東国原知事の就任と同じ07年には、そのうちのひとつをめぐって、建築関係者の間で話題となった事件も起こった。宮崎県都城市にある〈都城市民会館〉取り壊し問題がそれである。

〝ステゴサウルス〟の運命は？

〈都城市民会館〉は建築家・菊竹清訓が60年代に設計したもので、メタボリズム（新陳代謝という意味を持つ日本発の建築運動）を体現した貴重な建築として知られていた。しかし都城市がこの建物の老朽化を理由に新たな市民ホールを建設。この名建築を取り壊そうとしたところ、市民グループが保存運動を展開した。運動は意欲的に続けられたが、最終的に取り壊しが決定。議会で解体費2億5千万円の予算も可決され、あとは解体を待つばかりとなっていた。

ここで事態は思わぬ展開を見せる。地元、宮崎の南九州大学が、この建物を大学講堂として20年間使用することを市に申し入れたのだ。結果、市は大学側の提案を了承。解体が決定していたにもかかわらず、奇跡的にこの名作は生き延びることになった（だがその後、南九州大学は市に建物を返還。20年春、建物は解体されてしまった——）。

菊竹の〈都城市民会館〉がにわかに脚光を浴びたことで、あらためてこの地にあるほかのモダニズム建築にも注目が集まった。丹下健三の〈日南市文化センター〉や坂倉準三の〈宮崎県青島青少年自然の家〉である。丹下は、世界各国で建築ばかりでなく都市計画までも手掛けた建築家だが、日南市文化センターは、三角形をしたコンクリートの塊に無数のガーゴイル（雨樋）が突き出し、その存在感は数ある丹下建築の中でも群を抜いている。

一方の坂倉は戦前に渡仏、近代建築の巨匠ル・コルビュジエに師事した、戦後の日本を代表する建築家。青島青少年自然の家は、ＳＦ映画に出てくる宇宙基地のような形をした、これまた彼のほかの作品に類を見ない不思議な建築である。

〝宮崎モダン〟はなぜ生まれたか？

現在の宮崎の姿を見てみると一人当たりの県民所得は２４０万７千円で沖縄に次ぎ鳥取県と並ぶ下から２番目（令和元年発表の平成28年度内閣府調査）、サラリーマンの平均年収は２４３万円でこちらも、青森に次いで下から２番目に低い数字である（令和元年度賃金構造基本統計調査）。当時、東国原知事が必死で地元特産品をアピールしていたこともうなずける。ではなぜ経済的に豊かとはいえない宮崎に、丹下、坂倉、菊竹といった巨匠建築家の、それも他の作品とは明らかに違う、いやむしろ異形と言ってもいいような形態の建築が存在するのだろうか？

かつて日向の国といわれた宮崎は、

8

7

今も輝く太陽と紺碧の海が広がる美しい土地である。特に丹下や菊竹などのモダニズム建築がつくられた60年代に、この地は「日本のハワイ」と呼ばれ、多くの日本人観光客の憧れとなっていた。事実、東京オリンピック開催の1964年までは日本人の海外渡航が制限されていたわけだから、ハワイには行きたくても行けなかったという事情もあった。だから南国・宮崎には多くのハネムーナーたちも訪れた。ちなみに毎年春の恒例となっている読売巨人軍の宮崎キャンプが始まったのもちょうどこの頃、59年である。高度成長期を迎え、消費とレジャーを謳歌し始めた日本の世相を受け、この地にも、ホテルや公共建築が多くつくられたのである。

しかし、当時経済的に豊かだったとしても宮崎にだけ異形のモダニズム建築が集中してある理由は説明できない。それは一体なぜだろうか？あくまで推測の域を出ないのだが、それはもしかしたら日向の国独特の気候のせいかもしれない。太陽は人を狂わせる。ブラジルにオスカー・ニーマイヤーを、メキシコにルイス・バラガンという、独特の形態や色彩をもって作品表現する、偉大な建築家が生まれたのは偶然ではないだろう。彼らを生み出したのは中南米のもつ土着の文化と、真っ赤な太陽の仕業である。丹下、坂倉、菊竹をはじめとした日本の大物建築家も、宮崎の太陽に、ある種狂わされたのかもしれない。

Aoshima Miyazaki Nature House for Youth (1974) by Junzo Sakakura

宮崎県青島青少年自然の家　設計：板倉準三＋宮崎県

ル・コルビュジエの弟子として知られ、神奈川県立近代美術館や国際文化会館（前川國男、吉村順三と協同設計）、新宿西口広場などの作品で知られる坂倉だが、SF的で宇宙基地風の作品はこの建築以外にはない。5. 前ページの外観の裏側にあたる、建物エントランス部分外観。外にせり出したボリューム感のある屋根やバルコニー、それを支える力強い柱に、青少年に強くたくましく育って欲しいという願いが込められているかのようだ。6. 団体用宿泊施設の部屋。なんともいえないカラーリングが青年へと成長する時代の懐かしい雰囲気を醸し出す。●宮崎県宮崎市大字熊野字藤兵衛中洲

Miyakonojo City Hall (1966) by Kiyonori Kikutake

都城市民会館　設計：菊竹清訓

恐竜ステゴサウルスの背中のような奇抜な外観に目が奪われがちだが、日本発の建築運動「メタボリズム」の中心的メンバーである菊竹清訓が、少ない予算の中で最大の効果を狙った作品。基礎を一点に集中させる一方、ホールのための大空間を確保するためアコーディオン型の形が考案された。市内に別の文化施設ができたことにより2007年閉館。一時は大学の施設として保存活用の動きもあったが、市議会で解体が決まり、19年7月より解体は行われ、20年3月その姿を完全に消した。7. ホール客席の様子。客席は1400席あった。8. 恐竜の背びれを思わせる建物外観。

NORMANDY BY WAY OF NOW

モダニストがつくった仏ノルマンディーの都市へ。

世界遺産にも登録されている知られざるモダン都市が、仏ノルマンディー地方にある港町、ル・アーブルだ。「コンクリートの父」と呼ばれる巨匠建築家がつくった街は一体どんなところなのか？ その実像に迫る。

ル・アーブルの文化センター、通称「ル・ヴァルカン」。ブラジルが生んだ伝説の建築家、オスカー・ニーマイヤーの設計だ。ニーマイヤーのパリ亡命中の1974年に設計が始まり、82年に完成。建物は2棟に分かれ、手前の火山のような形の建物が1200席の客席を誇るメイン劇場。後方の建物は多目的の小ホールとオフィスになっている。

2

1

ル・アーブルの街に一際高くそびえる「サン＝ジョセフ教会」。一見、摩天楼にある高層ビルにも見えるが、神への信仰と犠牲者への鎮魂の意味を併せ持ったモニュメント的な建築だ。オーギュスト・ペレの遺作となった建築で、1951年に着工したが54年にペレが亡くなり、弟子のレイモン・オーディジエが56年に完成させた。平面プランは十字形で、尖塔の形は八角形。高さは110mあり、ステンドグラスとして、1万2768個ものガラスが使われている。当然、鉄筋コンクリートでつくられている。1. 塔の内部は巨大な吹き抜けになっている。2. 塔を見上げる。窓のように見えるのがステンドグラスだ。3. 港からの眺め。4. 祭壇からの見上げ。力強いコンクリートと鈍く光り輝くステンドグラス、そして想像を超えた吹き抜けの高さに圧倒される。まるでSF映画に出てくる宇宙船の内部にいるようだ。

3

4

6

5

ル・アーブルは大西洋を望む北フランスの港町である。日本人にはちょっと馴染みがないかもしれないが、アート好きにはモネが暮らした街として知られ、印象派の語源ともなった絵画『印象・日の出』が描かれた場所である。また、1998年の「日本におけるフランス年」に自由の女神がフランス政府から日本へ貸し出される際には、ここル・アーブルの港から遠く東京・お台場に向け女神を乗せた貨物船が出港した。いわばフランスの海の玄関口でもある

しかし、今回私の目当ては、モネでも港でもなく、第二次大戦後に再建されたという街そのものだ。なぜならル・アーブルは、「コンクリートの父」と呼ばれ、あの若き日のル・コルビュジエもその技術を学んだというベルギー生まれの建築家オーギュスト・ペレがつくった街だからである。さらに82年には、市の中心部にブラジル人建築家オスカー・ニーマイヤーの手による文化センターも完成。2005年にはペレの都市計画が評価され、近代都市としてはブラジリアに次ぎ世界遺産に登録された。しかし、なぜ一人の建築家の手によるこのような近代都市がノルマンディー地方につくられたのだろうか? それを説明するには、この街が背負う暗い過去を説明しなければならない。

街を襲った第二次大戦の悲劇。

第二次大戦初期、ル・アーブル港はイギリス軍の補給基地として利用されていた。しかし40年6月にフランスがナチス・ドイツに降伏すると、ここもドイツに占領され、対英上陸作戦（通称アシカ作戦：ドイツ軍の形勢不利により実行されず幻に終わった作戦）の拠点となった。ドイツ軍は虎視眈々とノルマンディーの港町からイギリス本土を攻撃・制圧しようと狙っていたのである。

しかし、その4年後に形勢は逆転する。アメリカ、イギリス、カナダなどの連合軍は44年6月6日、ノルマンディー上陸作戦を決行、多大な犠牲を払うも成功させる。上陸した連合軍の次の狙いは、内陸へ向け進撃し、パリを解放することだった。

ここでこの街最大の悲劇が訪れる。9月5日から6日にかけて、ル・アーブルの中心地区に対し熾烈な爆撃がイギリス空軍によって行われたのだ。狙いはドイツ軍を壊滅させ連合国側の補給路を確保するためだった。しかし結果、多くの市民が犠牲となった。死者5000人、家屋の損壊1万2500戸、家を失った者8万人…。中心市街地区は瓦礫と化し、その被害はヨーロッパの都市の中でも最大級のものの一つと言われている。

ペレによる、廃墟からの復興。

戦後設立された都市再建省により、45年春、ル・アーブルの中心市街の再建がオーギュスト・ペレに依頼された。ペレは道路をグリッド（碁盤の目）状に配し、理路整然とした都市計画を行った。主要な建物も彼が設計し、お得意のコンクリート打ち放しの技術を使ってつくられた。ペレのつくる建物は、今誰もが思い浮かべるような単調なコンクリートの建物ではない。円柱やエジプト式の柱頭など、古典建築に見られるディテールが施され、街並みに変化を与え、華を添えている。

また、この街では戦後復興に合わせ、一般市民の住宅が率先してつくられた。そこがル・コルビュジエのつくったチャンディガールやニーマイヤーのブラジリアなどの都市とは大きく異なる点だ。首都（州都）機能より、市民生

5. オーギュスト・ペレ設計の集合住宅。建物が完成した50年代当時、大きな窓で光と風を取り込み、セントラルヒーティングを完備した住宅は珍しかった。6. 文化センターの広場から小ホールを望む。広場は北大西洋からの冷たい風を避けるため、道路より一段低くなっている。7. 大ホールの建物側面の池には、ニーマイヤーによる手の彫刻が。その横にはニーマイヤーの詩「いつの日か、この水のように平野も海も山も我々のものになることを」と刻まれている。7. ペレ設計の市庁舎（53年着工、58年完成）。ファサード（建物正面）のコンクリートでできた円柱の美しさは圧巻。塔は19階建て、高さは70mある。市庁舎の前は噴水のある広場になっていて、市民や観光客で賑わっている。

活を優先してつくられているのである。

こうして20年の歳月にわたり、ペレによる世界でも類を見ないモダン都市がつくられていった。

オスカー・ニーマイヤー登場。

しかし建築関係者はともかく、一般のフランス人の中にはこのル・アーブルを「画一的なデザインの冷たく単調な街」だと言って評価しない者もいた。また、フランス復興のシンボルであるこの街に、それ相応の文化施設が必要なのではないかという議論も生まれた。そんな状況下の70年代初頭、軍政下のブラジルを追われパリに移り住んでいたオスカー・ニーマイヤーに、劇場や映画館、商業施設を伴う一大文化センターの設計が舞い込んだ。今までペレの設計した市庁舎の横にあった劇場は、独立した1200席の劇場と映画館、リハーサル室や事務所を併設した小劇場の2つに生まれ変わった。水平垂直がはっきりしたペレの理路整然とした都市空間の中に、ニーマイヤーの自由で大胆なフォルムの建築が挿入され、まさに画竜点睛を欠いていた街に、さらなる豊かさと生命感の躍動が付け加えられた。

私はパリから2時間半、車を走らせ、実際にこの街を訪れてみた。市街地の手前には巨大なコンビナート群が並び、この一帯がフランス有数の工業地帯であることがわかる。

しかし、ペレにより再建された中心地区に入ると風景は一変する。美しく整備された街路樹と均整の取れた建物が並び、ニーマイヤーの文化センターの上をカモメが飛ぶ。大西洋岸特有の湿った大気と、ぶ厚い雲の合間から時折差し込む陽の光は、かつて印象派の画家たちが描いたあのノルマンディーの風景そのままだ。

この街は生きている——廃墟から立ち上がり、建築の力によって蘇ったル・アーブルは、市民の生活の場として今も輝き続けているのだ。

Le Havre

ル・アーブル

北フランスの港湾都市。2005年「オーギュスト・ペレによって再建された都市ル・アーブル」名で、街の中心部133ヘクタールがユネスコの世界遺産に登録された。ペレによる都市再建は、20世紀の都市計画の優れた例として高く評価されている。また、ジャン・ヌーヴェル設計の公共プールなど現代建築も充実。パリから鉄道か車で約2時間半。

OSCAR NIEMEYER'S CULTURE CENTER

ブラジルの知られざる都市 ゴイアニアへ。

建築家オスカー・ニーマイヤーが 98 歳の時に
完成させたという謎の建築群を求め、
ブラジル内陸につくられた計画都市ゴイアニアを訪ねた。

文化センター内にある、ミュージアムの張り出した庇《ひさし》越しに、ゴイアニアの中心部を望む。文化センターは市の中心から5㎞ほど離れた何もないエリアにポツンとあるため、周囲にほかの建物がなく、その奇抜で未来的なフォルムが際立って見える。

宇宙基地のようなフォルムの劇場を事務棟から望む。この「チェントロ・カルチュラル・オスカー・ニーマイヤー」には、キューブ形をした「事務棟」、円柱を一本の支柱で持ち上げた「ミュージアム」、半円形の「劇場」、そして赤い三角形をした「小ホール」がある。

2

1

２００７年12月、建築家オスカー・ニーマイヤーは１００歳を迎えた。当時彼は、毎日リオのコパカバーナ海岸沿いにある自らの設計事務所に朝９時30分には必ず来て、世界中で進行中のプロジェクトを確認し、指示を出す。そんな彼が98歳で手掛けた一大文化施設があると聞き、私はそれを確かめるべく、サンパウロから飛行機である街へと飛んだ。ゴイアニア――ゴイアス州の州都であるその街は、ニーマイヤーの手掛けたブラジリアより30年近く前に、都市計画により出現した都市だった。

人工的な都市ゴイアニアとは？

そもそもゴイアス州の州都は、ゴールドラッシュで栄えた山間にあった。しかし20世紀に入り、政治や流通などさまざまな観点から、州都を平野に移すことが検討された。１９３３年、リオを拠点に活動するフランス人建築家アッチリオ・コレイア・リーマのマスタープランにより、新首都が完成。ゴイアニアと名付けられた。ブラジルにとってゴイアニアは、都市計画でつくられた2番目の街で（1番目はベロオリゾンテ。60年のブラジリアは3番目）、地図を見てみるとベルサイユ宮殿の平面計画に酷似している。ブラジルの街は、ヨーロッパ同様、街の中心に大聖堂が建ち、そこを核に広がっているが、このゴイアニアは違う。街の中心に州政府の小さな建物と広場があるだけで、商業地区や住宅地区などが計画的にエリア分けされている。

飛行機が着陸態勢に入ると、眼下に真っ赤な色をした大地が見えてきた。人口１２２万人というから東京のちょうど10分の1の規模だが、市街地を見るとそれほど大きくはなさそうだ。空港からタクシーに乗り15分ほど走った頃だろうか。突如、目の前に三角形の赤くて巨大な物体が見え、さらに近づくと丸い宇宙基地のようなものまで現れた。な、なんだこれは…。それこそがニーマイヤーが手掛けた謎の建築群「チェントロ・カルチュラル・オスカー・ニーマイヤー」だった。

敷地の外で呆然とする私の前に、この施設の館長であり、建築家であるマルシリオ・レモス氏が現れた。年の頃は40を過ぎたあたりだろうか。顔は日に焼け、背も高く、育ちのよさそうなブラジルの色男といった感じだ。彼はこの建設プロジェクトの中心的な存在で、建築家であることから、ニーマイヤーと実質的に話を進めてきたという。

ニーマイヤーのプロジェクト秘話。

「プロジェクトがスタートしたのは２００１年でした。当時ニーマイヤーは93歳という高齢でしたが、ブラジリアに近いこのゴイアニアの街に、どうしてもニーマイヤーの建築が欲しかったのです。『50年の進歩を5年で！』。このスローガンのもと、砂漠の中に首都ブラジリアが誕生しましたが、国会議事堂をはじめ、

主要施設を一手に設計したのがニーマイヤーでした。そのブラジリアからここまで200キロしか離れていません。ブラジリア建設中、ニーマイヤーは労働者ばかりの街を抜け出し、ここまでわざわざ遊びに来たと聞いています」

彼は笑顔を交えながら話を続けた。

「ゴイアニアとしては、今まで街の中に分散していた劇場、美術館などの文化施設を1カ所にまとめたかったのです。そこで、私たちがリオまで出向き依頼をしました。私たちがニーマイヤーとコーヒーを飲んでいる時、彼がナプキンに絵を描き始めました。その5分で描いたスケッチを基にここはつくられたのです」

ニーマイヤーはゴイアニアの現場視察に一度訪れたというが、飛行機嫌いな彼は、リオから何日もかけ、はるばる自動車でここまで来たという。そしてニーマイヤーは言った。

「この国で、私たちが見たことのないものをここで見るであろう」と。

こうしてオスカー・ニーマイヤー、98歳にしてつくりあげた建築がこのゴイアニアの地に誕生したのだった。

1. 宇宙基地のような白い半円形の建築の内部。劇場になっている。2. ミュージアム。取材時はまだオープンしていなかったが、地下と地上に展示室が設けられている。3. 事務棟。ニーマイヤーには珍しく、キューブ形。ここの地下には2つの映画館とカフェができる予定。4. モニュメンタルな赤い三角形の内部がこれ。螺旋階段で地下に降りると、小規模なホールがある。

● Centro Cultural Oscar Niemeyer
TEL＋55・62・3201・4911
ゴイアニアへは、サンパウロから飛行機で1時間半。空港〜文化センターまで車で15分。街の中心から文化センターまで約5km。

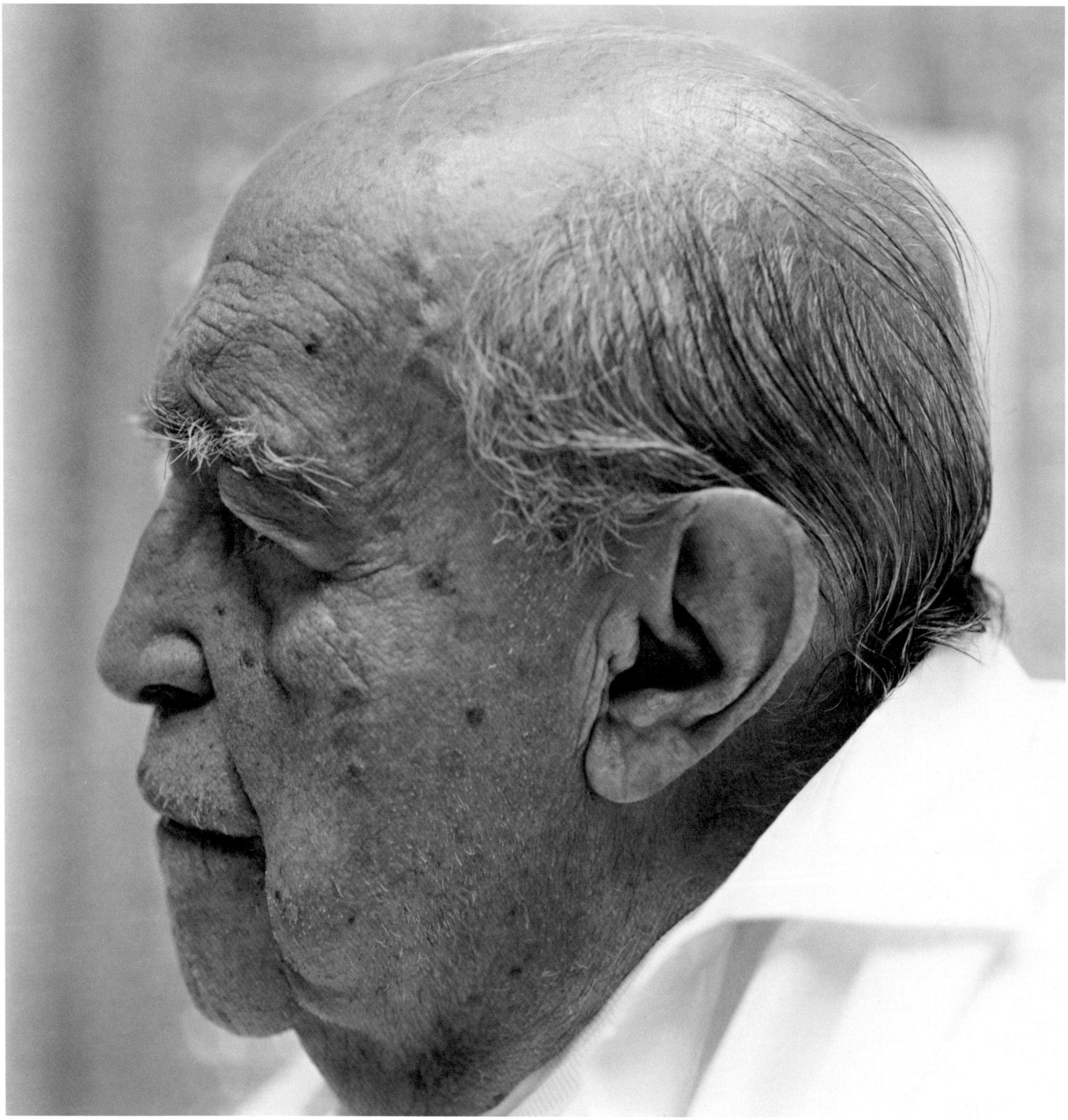

OSCAR NIEMEYER:100 YEARS OF AMOR

建築家オスカー・ニーマイヤーが語る「愛」とは?

98歳で秘書の女性と電撃再婚し、世界中を驚かせた建築家オスカー・ニーマイヤー。100歳を迎える直前、ブラジル・リオに彼を訪ね直撃インタビューを決行、人生で最も大切な「愛」について聞いてみた。

右／建築家オスカー・ニーマイヤー。このポートレイト撮影時の年齢、なんと99歳。上／ニーマイヤーの代表作のひとつ、ブラジル・リオデジャネイロ郊外ニテロイにある〈ニテロイ現代美術館〉(1996年開館)。UFOのようなフォルムが印象的だ。

4

1．サンパウロにある巨大集合住宅〈コパン・コンプレックス〉（51年完成）。2.〈サンバ・スタジアム〉（83年完成）のアーチ。あのリオのカーニバルで使われるメイン会場も、ニーマイヤーの設計だ。3.〈カノアスの家〉。元ニーマイヤーの自邸だ。プールも、屋根も、壁も、曲線を描く。4．ニーマイヤーの事務所からの眺め。リオのコパカバーナ海岸が一望できる。このリオの美しい風景と女性が、美しいカーブを描くニーマイヤー建築の源となっている。

2

3

5

6

7

5. リオデジャネイロ郊外のニテロイ市にある文化施設〈カミロ・ニーマイヤー（ニーマイヤーの道）〉のレクチャーホールの屋根。美しい曲線を描く。6. リオのカノアスにあるオスカー・ニーマイヤーの元自邸〈カノアスの家〉（52年完成）。現在は一般公開され、かつてニーマイヤーが暮らした親密な空間が体験できる。7.〈カミロ・ニーマイヤー〉。ニーマイヤー100歳の誕生日に向け、急ピッチで建設が進められていた（2007年撮影）。

interview with Oscar Niemeyer

100歳の色男、ニーマイヤーに聞く

普通でも100歳まで生きることは並大抵のことではないが、現役で設計活動を行い、98歳で結婚までしてしまった建築家は、彼以外に存在しない。一体、彼の原動力は何か？　秘密を探る。

＊このインタビューは、2007年3月にブラジルで行ったものです。

オスカー・ニーマイヤーが会ってくれる！　その知らせをブラジルへ向かう途中、トランジットで立ち寄ったメキシコの空港で聞いた時、うれしさのあまり思わず声を上げてしまった。オスカー・ニーマイヤーは、この時99歳。しかし現役で設計活動を続けていた。彼は近代建築史上、奇跡と呼ばれるブラジルの首都ブラジリア建設を手掛け、近未来的なフォルムの国会議事堂をはじめとした主要施設の設計を一手に行った。もちろんブラジル国内だけでなく、フランス、イタリア、アルジェリアなど世界各国に作品があり、ＮＹにある、あの国連本部ビルも実質的に彼のデザインである。

そんな巨匠建築家にまつわるニュースが先日、世界中を駆け巡った。「オスカー・ニーマイヤー氏、98歳で秘書の女性と再婚」——。これには正直、度肝を抜かれた。いくら何でも冗談だろうと…。私はその真意を確かめるべく、リオデジャネイロにあるニーマイヤーの事務所に、現地のコーディネーターを通じコンタクトを取った。しかし返事はノー。99歳という高齢ではもはやインタビューは不可能だとの噂も聞いた。しかし、それは単なる噂に過ぎなかったというわけだ。

ニーマイヤーを訪ね、リオへ。

運命の日はやってきた。ニーマイヤーからインタビューに指定されたのは朝10時30分。真夏の太陽輝くコパカバーナの海岸沿いにある彼のオフィスに、私は時間きっかりに訪ねた。ニーマイヤーはすでに私を待っていて、所員からすぐに彼の書斎へと案内された。

99歳の巨匠はそこにいた。インタビュー中、写真撮影をさせてほしい旨を伝えると、それまでかけていた眼鏡を外し、長年の友人であるキューバのフィデル・カストロ議長から贈られてくるというモンテ・クリストの葉巻に火を点けた。彼に会えた感動で、思わず声が上擦る。

——あなたにお会いできて大変光栄です。このたびは結婚のお祝いを述べたくて、はるばる日本から参りました。

「オブリガード（ありがとう）。日本の人たちと話す時、私はうれしくなる。日本の家は、私が見た、最も美しいものだ。形容詞を述べるまでもない。家はよく研究され、流れるように、庭園にたどり着く。日本の人たちは、よい趣味を持っている。私は、日本の人たちに大変敬意を持っている。また日本の現代の建築も素晴らしい。優秀な建築家もいる」

——それは誰のことですか？

「ケンゾー・タンゲ（丹下健三）だ。彼は一度、若い学生を連れてここを訪ねてきたこともある」

——あなたが振り返って、一番印象深いプロジェクトは何ですか？

「私の初めてのプロジェクト〈パンプーリャ〉だ。軽やかで、バリエーションのある、一番好きな建築。建築家にとって、建築は、大切であり、仕事である。しかし、人生は、建築より重要である。それを理解することが、人生で一番肝心なのだ」

——あなたにとって、建築より大事なものがあると？

「時より、大切なものなど、存在しない。私は、仕事も気が乗らなかったらやらない。できるだけ、良いものをつくることに貢献したい。それだけだ」

ル・コルビュジエとの苦い経験。

——あなたの長い建築人生の中で影響を受けた建築家はいますか？

「自分が、まだ若く、学生の頃はル・コルビュジエだ。それから考え直した。彼との出会いで、私は発見した。自分は、すべての面において、彼とは違うと」

——それはなぜですか？

「たまに物事が損なわれる時がある。私にとって、とても不愉快な出来事があった。国連本部設計の時だ。世界中から私やコルビュジエをはじめ10人の建築家が招集された。ニューヨークに到着した初日、コルビュジエは私に会いにきた。自分のプロジェクトを見てほしいと。彼のそばにいてほしいと。そして私は、幾日間か彼と話すだけで、何もしなかった。そうしたら、アメリカ人建築家でこのプロジェクトを取り仕切っていたウォーレス・K・ハリソンが、私にプロジェクトを提出するように言った。みんなプロジェクトを提出して、私だけ無いと。私は、コルビュジエと話した。彼は『やるなよ。揉め事になるよ』と私に言った。でも2日後、コルビュジエも、私がプロジェクトを提出すべきだと言った。私は、私自身のアイデアを提出した。そして私の案が、全員の賛同を得た」

——それでどうしたんですか？

「コルビュジエは動転した。自分の面目を失うことになると思ったらしい。彼は、私と話したいと言ってきた。私の案は、敷地の中央に広い広場があった。でもコルビュジエに私は頼ま

ニーマイヤーが生涯一番思い出深い作品と語る、ベロオリゾンテのパンプーリャにある教会。その内部を、ニーマイヤーが描いたデッサン。©Oscar Niemeyer

れた。『オスカー、議事堂を敷地の隅から移動して、中心地へ持ってきてほしい』と。それは事務棟の高いビルと、議事堂が並ぶようになるものだった。自分自身、最悪だと思った。でも、私は若かった。彼は私にとって、師匠のような人だった。私は同意した。議事堂を、隅から、事務棟ビルの真ん前に置いた。それは今日の国連本部の姿だ。私は後悔している。コルビュジエに、私は同意すべきではなかった」

——世界が認める巨匠建築家との、きな臭いエピソードですね。

「今日であれば、私はコルビュジエの案を受け入れなかったと思う。国連本部の建物は、ひどいものになった。建築は、ボリュームと自由な空間を、能率良く操るものだ。その出来事から3カ月後、私はコルビュジエと2人でお昼をしていた時だ。彼は、私をじっと見つめ、言った。『君は、寛容な人だ』と。きっと彼は、あの朝、私が自分の案を変えることに同意したことを思い出して言っていると思った。最悪な気持ちになった。だから若い人に言いたい。人生で、後悔するような妥協をしてはならない、と。それが私の言いたいことだ」

ニーマイヤー夫人、現る。

彼とのインタビューは1時間にも及んだ。こちらが口を挟む間もなく、ニーマイヤーは独り話し続けた。人生のこと、宇宙のこと、当時進行中だったリオの研究所や、サンパウロの美術館、巨大な州政府プロジェクトのこと…。ポルトガル語の通訳をしてくれた地元コーディネーターによれば、彼の言葉の一つ一つが、深い哲学と美しい旋律を持った〝詩〟のようだったという。

99歳という高齢だけに、私も気を使って何度も「それではこの辺で…」と自主的にインタビューを終えようとしたが（ニーマイヤーへのインタビューは通常20分ほどらしい）、彼は私にメッセージを託したかったのか、話を止めなかった。足を骨折したとかで彼はじっと椅子に座ったままだったが、記憶や口調はとてもしっかりしていて、とても今年100歳になるとは思えなかった。

ニーマイヤーに礼を述べ、彼の部屋から出ると、目の前に再婚したばかりで、現在もニーマイヤーの秘書を続けるベッラ夫人が現れた。ニーマイヤーと彼女の2ショット写真は地元リオの新聞が偶然、音楽家ジルベルト・ジルのコンサートに現れた2人の姿を報じたのみだ。私はさっそく新婚夫婦の記念すべき写真撮影をお願いしてみた。2人は快く応じてくれ、カメラマンがカメラを構えると、ニーマイヤーはベッラ夫人の膝に、誰からも頼まれるでもなく、自分からそっと手を置いた。

アムール建築家はかく語りき。

ニーマイヤーは『Oscar Niemeyer 最後の巨匠オスカー・ニーマイヤー』というドキュメンタリー映画の中でこう語っている。

「私は常に曲線を好み、女性を好む。魅力的なものが好きなのだ。私は思う。それこそが人生の基本なのだと」「女性がいなければ生きる理由はない。当然のことだ。女性は人生の故郷であり、女王である。女性は素晴らしい」——。

今年100歳を迎えようとする巨匠建築家に会って実感した。彼のクリエイションに女性が欠かせないということを。そして今99歳のこの巨匠の瞳にはベッラ夫人が映っている…。

別れ際、ニーマイヤーは私たちに向かって「またぜひいらっしゃい」と言った。私は「今年12月15日の、あなたの100歳の誕生日に、お祝いを伝えに日本から駆けつけます」と答えた。するとニーマイヤーはニコっとして、最後にこう言った。

「いや、私はあと10年はいける。ぜひ私の110歳の誕生日にいらっしゃい」と。

Oscar Niemeyer

オスカー・ニーマイヤー

1907年12月15日、ブラジルのリオデジャネイロ生まれ。国立芸術学校卒業後、ルシオ・コスタの事務所に入りキャリアをスタート。56年、ジュゼリーノ・クビチェク大統領に新首都計画の主任建築家に任命され、首都ブラジリア（60年遷都）の国会議事堂や各省庁の建物群を一手にデザインし、世界的な注目を浴びる。前夫人が亡くなったのを機に、2006年、98歳で再婚。12年、104歳で没。死の直前まで設計を行った。

私は常に曲線を好み、女性を好む。
魅力的なものが好きなのだ。
——オスカー・ニーマイヤー

ニーマイヤーは建築を描くのと同じように、女性の裸体も描く。それは共に美しい曲線を持つものだ。ニーマイヤーにとって女性は、尊敬すべき存在であり、創造の源なのだ。

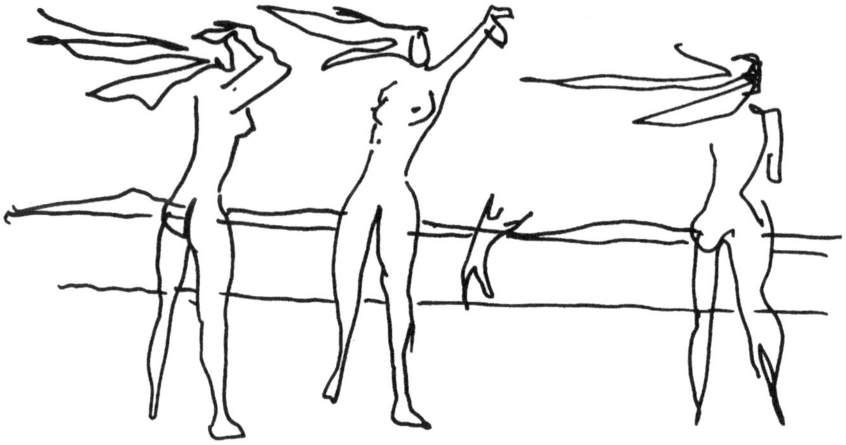

2006年12月、98歳で再婚したオスカー・ニーマイヤーと、ベッラ・ルシア・ニーマイヤー夫人。この取材では世界初の正式な2ショット撮影に成功した。ニーマイヤーの秘書を30年間務める彼女は、この取材時62歳。〈フランス共産党本部〉や〈クリチバ現代美術巻〉など、多くのニーマイヤー建築を、彼の傍らでそっと見守ってきた。今一番楽しみなプロジェクトは?と尋ねると「ブラジル・ベロオリゾンテに計画中のカテドラルは素敵ね」と笑顔で答えてくれた。ベロオリゾンテのカテドラルはこの時進行していた計画のひとつで、高さ100m、2000名収容のビッグ・プロジェクトだった。(2007年3月撮影)

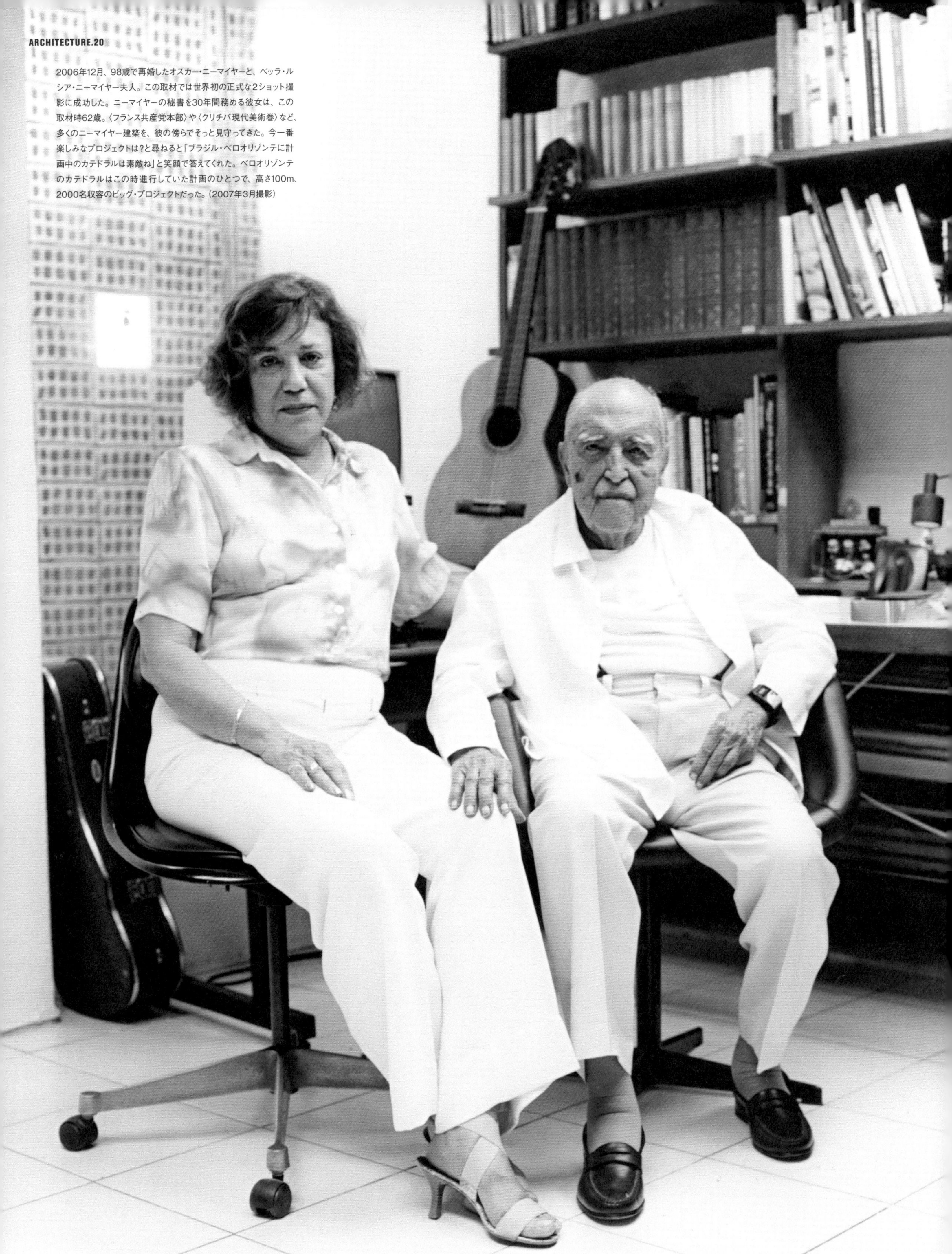

「ビックリ現代建築」の代表格、ジョージア（旧グルジア）黒海沿岸の町サルピにある〈国境検問所〉（2011年完成）。波しぶきモチーフにしたといわれる建物の設計はドイツ人建築家ユルゲン・マイヤー・Hによるもの。建物手前がジョージア側でこの建物を越えるとトルコ領となる。ジョージアでは2004年、脱ロシア路線を掲げるサーカシヴィリ政権が誕生。大統領は国中にビックリ建築をつくり、大胆な建築を用いて新たな国づくりのビジョンを示そうとした。

「ビックリ建築」の基準は何なのか？

ビックリ建築という呼び名は、僕が編集者時代に、雑誌の企画のタイトルや見出しによく使っていた言葉だ。この言葉は造語なので正確な定義はないのだけれど、今回この本で紹介した建築の中には、他人から見れば、「えっ、これが何でビックリなの？」「普通の建物じゃん？」なんていうものがあるかもしれない。でも個人的には、これはビックリ建築、これはビックリ建築ではない、という線引きが明確にある。

例えば、ウイーンにある〈ルートヴィヒ財団近代美術館（通称ハウスアタック）〉。この建物の屋根には戸建て住宅が逆さに突き刺さっている奇抜なデザインをしている。北京には三人の福の神の形を模した巨大な人型をした「天子ホテル」なんていうものもある。どちらの建物も見る者をギョっとさせるに違いないが、僕はこういう部類のものはビックリ建築だとは考えていない。見た目には驚くかもしれないけれど、ただ単に外観が奇をてらっているというだけで、建築が生み出される時の熱量や建築家の信念、はたまた夢や時代性というものがまったく感じられないからだ。そういう意味で、双眼鏡や自動車、ギターなどのそのものズバリの形をしたハリボテのような建物もビックリ建築とは認めていない、だからこの本では取り上げていないのである。

１９３３年、ナチスに追われ逃げるように来日を遂げたドイツ人建築家ブルーノ・タウトは、西洋モダニズム的視点から〈桂離宮〉の中に美を見いだし、それを当時の建築の本場、欧米へと知らしめた功績で知られている。タウトは、桂離宮＝「ほんもの」と褒めたたえる一方、過剰なまでの装飾で覆われた〈日光東照宮〉を「いかもの」として断罪した。「いかもの」とはイカサマなもの＝キッチュということである。

個人的に日光東照宮の建築は嫌いではないけれど、このときブルーノ・タウトが言いたかったことは理解できる。時の権力者である武士（将軍）が作った建築には、徳川家康を神として崇め奉らんとする思いが先行するあまり見た目の豪華さに走ってしまい、建築に込めるべき精神性をどこか置きざりにしていると彼が感じたのではと想像するからだ。もし僕が、ビックリ建築とそうでないものの基準は何かと質問されたら、“キッチュでないもの”とまずは答えるだろう。建物（Building）が建築（Architecture）へと昇華するためには、そこに精神性が秘められていないといけないと考えているからだ。

「ビックリ建築」の五原則

01. そのフォルムに驚き、心を揺さぶられる。

02. ただし、見かけだけのキワモノ＆キッチュはダメ。

03. その建築が生み出された「時代性」「社会性」が感じられる。

04. その建築の誕生に至り、精神性や理念が感じられる。

05. “知られざる”“知る人ぞ知る”ものである。
（誰もが知るアイコンのような建築は該当しない）

天才的ファッション・デザイナー、ピエール・カルダン、1967年のコレクション。ブラジルの首都ブラジリアで、オスカー・ニーマイヤー設計の国会議事堂を背景に行った。

とはいえ、建築はピュアな思いや精神性だけでこの世に実現するものではない。理想と現実。このせめぎ合いから生み出されるものなのである。建築の実現にはその計画に見合うだけのマネー（資金）が必要になるし、場合によってはパワー（権力）と寄り添わざるを得ないことだってある。

そこで理想と現実との間にギャップが生じる。で、これが面白い。理想に燃えて計り知れない熱意と労力をかけながらも、どこかチグハグで理念ばかりが先走ってしまい失速してしまった建築や都市計画などである。僕はそんな建築に「萌え」てしまう質《たち》である。１９６０年の首都ブラジリア遷都とそれにまつわるオスカー・ニーマイヤーの建築群しかり、１９７０年大阪万博の丹下健三のもと進められた都市計画&百花繚乱のパビリオン群しかり。

国家＝時の権力者は、国の進むべき未来のビジョンや国家・社会の在り方を、建築の造形（すなわちビックリ建築）に託す傾向がある。建築が、国家の理念を表現する目に見える装置として機能するからだ。だから建築は、その装置として人類史上、常に利用し続けられてきた。

この本の中でページの都合上紹介できなかったが、興味深い例を最後にひとつ紹介したい。ジョージア（旧グルジア）の〝ビックリ現代建築〟である。これは社会主義から資本主義へと急激に社会が変化していく中で、ロシアの影響から脱却を図る目的で、時の大統領が国中に公共事業でビックリ現代建築を建てまくる、という事例である。私はその建築群を追いかけ、２０１５年ジョージアを訪れた。

ソビエト連邦の一員だったジョージアは、１９９１年ソ連邦の崩壊と共に独立したまだ若い国である。黒海に面しロシアやトルコなどと国境を接するこの国は、民族や宗教が交錯する要所に位置するゆえ、古来から固有の宗教・言語をもちながらも、歴史的に様々な民族から侵略・統治され続けてきた。独立後も、70年間にわたりソ連の社会主義政権下に置かれてきたせいでロシアの影響を強く受け、社会に暗い影を落としていた。

1. 2011年に完成した黒海沿いの町サルピのトルコとの国境検問所。ドイツ人建築家ユルゲン・マイヤー・Hの設計。2. 黒海沿岸にリゾート都市として計画されたが、サーカシヴィリ大統領の失脚と共に計画中止となり放置された都市、ラジカに建つ用途不明の塔。不思議で不気味なフォルム。3. スターリンの出身地、ジョージアの町ゴリ郊外にあるガソリンスタンド。設計はユルゲン・マイヤー・Hで2011年に完成した。4. ガソリンスタンドの横に建つドライブイン。こちらもユルゲン・マイヤー・Hの設計。コンクリート打ち放しに見えるが鉄骨造で、コンクリートに見える部分は塗装したパネルが貼られている。

1

2

3

4

そこに誕生するのが、反ロシア路線を掲げるミハイル・サーカシヴィリという人物である。無血の「バラ革命」を経て２００４年ジョージア３代目の大統領になると、ＮＡＴＯやＥＵへの加盟を推進し、ヨーロッパの一員になることを目指した。国名もロシア語読みのグルジアからジョージアに呼称を変えた（日本では２０１５年春〜）。ちなみに、この国は地理的にはアジアに位置するが、キリスト教国であることに加え、このような理由からサッカーやラグビーＷ杯予選では欧州枠に数えられている。

　このサーカシヴィリ大統領の持論が「近代化には大胆な建築が必要」というものだった。それゆえ、ドイツやイタリアから著名な建築家を招聘、新たな国づくりのビジョンを国民に周知するため、大胆な公共建築をバンバンつくり出していった。ソ連がかつて社会主義のビジョンを示すのにモダニズム建築を利用したように、彼は社会主義の色のついていない現代建築にジョージアの未来を託したのである。

　しかし、当初は国民の絶大な支持を集めていた彼も、２０１３年ロシアからの圧力もあり失脚、ウクライナに亡命した。ここで彼の夢見たビックリ建築でこの国を変えようとする試みはＴＨＥ ＥＮＤとなった。計画された〝新都市ラジカ〟などの構想もストップし、その後誕生した政権はサーカシヴィリのつくった建築を使用することを禁じたり、計画を中断させたりした。そしてある意味キッチュなビックリ建築だけが残るシュールな結果となった——。

　ビックリ建築という、時代が生み落とした何か得体のしれないものに惹かれ追いかけてきた成果の一部を、この度まとめるにあたり再度それぞれと対峙してみると、ワクワクしながら取材した時の感覚が蘇ってきてとても懐かしく思い出された。この本を担当してくださった扶桑社の坂口明子さん、時間のない中、本にまとめてくださったデザイン事務所Store inc.代表の齋藤壮司朗さん、デザイナーの半坂亮太さん、當間大輔さん、山内玲奈さん、また様々な助言を与えてくださったNuméro Tokyo編集部の方々、写真を提供してくださった写真家や関係者の皆様方。そして、私を編集者として育ててくれたマガジンハウスと、様々な成長する機会を与えてくれたCasa BRUTUSに、この場を借りて謝辞を献じます。

5. 黒海沿いの新都市ラジカの桟橋に建つ巨大なオブジェ。これもユルゲン・マイヤー・Hの設計。2012年完成。高さは31m。6. 桟橋の巨大なオブジェを下から見上げる。鉄板に切り込みを入れ組み合わせた構造。7. サーシカヴィリ大統領により、国会議事堂をはじめ政府行政機関がトビリシからクタイシへと移転された。それに伴い黒海議事堂も一新、カタツムリのようなフォルムの建築が生まれた。設計はスペインのCMD。構造設計には日本の巨匠・川口衛も名を連ねる。8. トビリシにある旧ソ連時代の建物。1975年完成で元は交通局のビルだったが、現在はジョージア銀行本社ビルとして使われている。

【著者】 白井良邦（しらい・よしくに）
ビックリ建築探求家/編集者。

1971年、神奈川県生まれ。1993年（株）マガジンハウス入社。雑誌「POPEYE」「BRUTUS」編集部を経て「Casa BRUTUS」には1998年の創刊準備から関わる。2007～16年「Casa BRUTUS」副編集長。建築や現代美術を中心に担当し、「安藤忠雄特集」、書籍「杉本博司の空間感」、連載「櫻井翔のケンチクを学び旅」などを手掛ける。2017年より「せとうちホールディングス」執行役員　兼　「せとうちクリエイティブ&トラベル」代表取締役を務め、客船ガンツウをはじめとした、瀬戸内海での富裕層向け観光事業に携わる。2020年夏、（株）アプリコ・インターナショナル設立。出版の垣根を越え、様々な物事を"編集"する事業を行う。せとうちアーキツーリズム振興委員会代表（https://setouchi-architourism.com/）。

【写真】
森嶋一也　（P50～73、134～147）
伊藤愼一　（P74～79、86～103、110～127）
J-P de Rodliguez Ⅲ　（P1、32～49、128～133）
Julien Donada　（P80～85）
木田勝久／FOTOTECA　（P104～109）
白井良邦　（P23/ポートレイト、24～30、148、150～151）

【デザイン】 store inc.

【協力】 Numéro Tokyo

＊この本の内容は、雑誌「Numero Tokyo」2007年4月～2011年4月まで不定期に掲載されたものに、加筆・修正、また新たに記事を追加し再編集したものです。
＊原稿の一部は、取材時のまま掲載しているものもあります。

WONDER ARCHITECTURE
世界のビックリ建築を追え。

2020年10月31日　初版第1刷発行

著者　白井良邦
発行者　久保田榮一
発行所　株式会社扶桑社
〒105-8070 東京都港区芝浦1-1-1 浜松町ビルディング
電話　03-6368-8890（編集）　03-6368-8891（郵便室）
www.fusosha.co.jp

印刷・製本　大日本印刷株式会社

ISBN978-4-594-08627-5